TRADIÇÃO E ALIMENTAÇÃO

POLIANA BRUNO ZUIN
LUÍS FERNANDO SOARES ZUIN

TRADIÇÃO E ALIMENTAÇÃO

DIRETOR EDITORIAL:
Marcelo C. Araújo

EDITORES:
Avelino Grassi
Márcio F. dos Anjos

EDITOR ADJUNTO:
Edvaldo Manoel de Araújo

COORDENAÇÃO EDITORIAL:
Ana Lúcia de Castro Leite

COPIDESQUE:
Leila Cristina Dinis Fernandes

REVISÃO:
Bruna Marzullo

DIAGRAMAÇÃO:
Simone Godoy

CAPA:
Informart/ Vinicio Frezza

FOTO DA CAPA:
Vera de Souza/ Editora Santuário

* Revisão do texto conforme o Novo Acordo Ortográfico da Língua Portuguesa, em vigor a partir de 1º de janeiro de 2009.

© Todos os direitos reservados à Editora Idéias & Letras, 2009.

IDÉIAS & LETRAS
Editora Idéias & Letras
Rua Pe. Claro Monteiro, 342 – Centro
12570-000 Aparecida-SP
Tel. (12) 3104-2000 – Fax (12) 3104-2036
Televendas: 0800 16 00 04
vendas@ideiaseletras.com.br
http//www.ideiaseletras.com.br

**Dados Internacionais de Catalogação na Publicação (CIP)
(Câmara Brasileira do Livro, SP, Brasil)**

Zuin, Luís Fernando Soares
Tradição e alimentação / Luís Fernando Soares
Zuin, Poliana Bruno Zuin. – Aparecida, SP: Idéias & Letras, 2009.

Bibliografia
ISBN 978-85-7698-038-4

1. Antropologia nutricional 2. Alimentos - Aspectos psicológicos 3. Alimentos - Aspectos sociais 4. Gastronomia - História 5. Hábitos alimentares - História 6. Usos e costumes - História I. Zuin, Poliana Bruno. II. Título.

09-047   CDD-306.4

Índices para catálogo sistemático:
1. Cultura e alimentação: Sociologia 306.4
2. Tradição e alimentação: Sociologia 306.4

*Este livro é dedicado a nossas famílias
e a nossas crianças que,
embora ainda não nascidas,
fazem parte de nossas vidas,
de nossos sonhos
e de nosso amor.*

PREFÁCIO

A TEMÁTICA *tradição e alimentação* faz parte da paixão de um casal que vê no ato de alimentar-se muito mais que um ato de nutrição, mas um ritual de comunhão, amor, cumplicidade, doação, carinho, respeito e saúde.

Este livro trata-se da materialização de nossos estudos sobre os fatores históricos, culturais, sociais e psicológicos que estão por trás da alimentação, evidenciando que o ato de alimentar-se é diferente da simples nutrição, pois nele estão presentes formas culturais de organização social, obedecendo a rituais e valores socialmente determinados. Salientamos ainda, nesta obra, a importância dos alimentos tradicionais, uma vez que esses remetem a um modo próprio e artesanal de manufatura, interligado às matérias-primas locais, ao clima, aos saberes, às memórias e vivências daqueles que o produziram. Desta maneira, os alimentos tradicionais são partes integrantes e constitutivas da cultura de uma comunidade, sendo o modo mais vivo de se cultivar a *tradição*. Como qualquer outra arte, a alimentação é a elaboração de sentidos e significados, uma vez que opera com todos os sentidos do corpo humano, evocando, além de paladares, emoções, memórias e sentimentos.

Diante desse fato, esperamos incitar em nossos leitores um pouquinho da paixão que nos movimenta, a fim de resgatar e cultivar os valores que estão por trás desses alimentos e do ato de se alimentar.

Poliana Bruno Zuin
Luís Fernando Soares Zuin

SUMÁRIO

Introdução – 13

Capítulo 1 – Alimentação – 19
1.1. Introdução – 21
1.2. Diferenças entre nutrição e alimentação – 22
1.3. Política Nacional de Alimentação e Nutrição – 24
1.4. Alimentação é cultura – 27
1.5. Conclusão – 30
Referências bibliográficas – 32

Capítulo 2 – A construção do homem histórico-cultural e a alimentação – 33
2.1. Introdução – 35
2.2. A formação do homem – 36
2.3. A linguagem como responsável pela transmissão e apropriação da cultura – 38
2.4. O homem e a cultura – 42
2.5. O papel da família na formação da criança e de seu paladar – 46
2.6. O processo de ensino-aprendizagem para a apropriação da cultura, da tradição, dos ritos e costumes referentes à alimentação – 51
2.7. Conclusão – 55
Referências bibliográficas – 56

Capítulo 3 – A história, a cultura, a sociedade e os alimentos – 59

3.1. Introdução – 61
3.2. O processo de humanização das culturas alimentares – 62
3.3. A cozinha como lugar de se tecer a história – 63
3.4. Transformações históricas do consumo dos alimentos – 65
3.5. *Pasteurização* alimentar – 68
3.6. Resgate histórico e cultural dos alimentos tradicionais – 71
3.7. Movimento *Slow Food* – 72
3.8. Alimentação e turismo – 73
3.9. Conclusão – 75
Referências bibliográficas – 76

Capítulo 4 – A importância da tradição e dos rituais na alimentação – 77

4.1. Introdução – 79
4.2. Surgimento das tradições – 80
4.3. Contexto e significado dos rituais – 85
4.4. Tradição e rituais na alimentação – 87
4.5. Conclusão – 90
Referências bibliográficas – 91

Capítulo 5 – Os alimentos tradicionais – 93

5.1. Introdução – 95
5.2. O que são os alimentos tradicionais? – 96
5.3. Alimentos tradicionais são *produtos com história* – 98
5.4. Os consumidores voltam a valorizar os produtos tradicionais – 99
5.5. A arte e o ofício na produção de alimentos tradicionais – 100

5.6. Um resgate da história contida nos alimentos tradicionais – 101
5.7. Conclusão – 108
Referências bibliográficas – 109

Capítulo 6 – Proposta de método de educação histórico-cultural para a alimentação – 111
6.1. Introdução – 113
6.2. Educação Alimentar: A importância da mediação na formação da criança e de seu paladar – 114
6.2.1. Oferta de grande variedade de alimentos – 115
6.2.2. Comer juntos – 116
6.2.3. Juntos preparar os alimentos – 117
6.3. Uma proposta metodológica para a educação alimentar – 118
6.3.1. Formação e capacitação de professores – 119
6.3.1.1. Enfoque metodológico para a capacitação – 121
6.3.2. Proposta de ensino para os professores – 130
6.3.2.1. Trabalhando com alunos da educação infantil (3 a 6 anos) – 131
6.3.2.2. Trabalhando com alunos do ensino fundamental (1ª a 4ª série – crianças de 7 a 9 anos) – 133
6.3.3. Parceria escola e família – 135
6.4. Conclusão – 136
Referências bibliográficas – 137

Capítulo 7 – Considerações finais – 139
Referências bibliográficas – 144

INTRODUÇÃO

Esta obra possui como finalidade mostrar a importância da alimentação e da tradição alimentar para a cultura de uma família, de um local, de uma região, de um país e de uma sociedade. Por meio da educação em torno do ato de se alimentar, propomos aos professores, pais, gastrônomos e secretários de educação – enfim, a todos aqueles que fazem parte da educação de nossas crianças – maneiras de abordarem as questões históricas e culturais em torno do ato de se alimentar.

A temática "alimentação" é abordada nesta obra como essencial para a constituição do indivíduo, para a formação de sua identidade e para a preservação de sua cultura e história. Enfatizando a tradição, caracterizamos todos os aspectos que a envolvem, como as diferenças existentes entre a atividade de se alimentar e se nutrir, salientando que a alimentação ultrapassa a necessidade fisiológica de vitaminas, proteínas e carboidratos essenciais para o organismo, pois ela envolve fatores históricos e culturais, como rituais, emoções, memórias, entre outros.

Desta forma, trabalhamos com diversos autores para abordar as temáticas aqui ressaltadas; entre eles destacamos: Paulo Freire e Vygotsky. A escolha desses autores, entre outros que compartilham de suas ideias, deve-se principalmente à formação do homem como sujeito histórico e cultural, ou seja, um indivíduo que ao mesmo tempo faz a história e é constituído por ela. Portanto, é imprescindível contextualizarmos o surgimento da cultura, das formas simbólicas criadas pelo homem, ou seja, como o homem vai aculturando-se ao mesmo tempo em que tece sua cultura por meio da alimentação, uma vez que essa se constitui como a primeira forma de aculturação do ser humano.

Muito mais que se alimentar para se nutrir, os homens têm a necessidade de se relacionar com outros homens, sendo eles seres gregários. Nesse sentido, foi por meio dos alimentos que os homens, em comunhão, organizaram-se cultural e socialmente. Sociólogos, antropólogos, filósofos e psicólogos concordam que a alimentação é uma das necessidades básicas do homem, e foi por meio da busca por aplacar essa necessidade que os homens se organizaram, criando, assim, a cultura. Esta, por sua vez, foi gerada a fim de que fossem mantidos todos os saberes construídos pelos homens, surgidos mediante suas necessidades básicas, como, por exemplo, a criação da agricultura para sua subsistência.

Juntamente com a necessidade de se alimentar, surgiram outras necessidades, próprias da organização cultural, a fim de melhorar as condições de existência dos homens. Eles então criaram ferramentas ou instrumentos para auxiliá-los no trabalho e em suas realizações, bem como a linguagem ou o sistema de signos, para que fosse possível a comunicação entre si. Através desses instrumentos, foi-lhes permitido comunicar-se e organizar o pensamento e a vida em sociedade. Por essa razão, é fundamental o papel que desempenha a tradição cultural, pois somente por meio dela, isto é, da geração e transmissão de conhecimentos, é que uma cultura pode ser mantida.

Sobre os aspectos aqui tratados, salientamos ainda a importância dos alimentos tradicionais, pois esses trazem em sua história todas as questões acima evidenciadas, ou seja, a história, os rituais, a cultura, enfim, tudo o que passa pela manufatura própria desses alimentos e pela história da alimentação.

Desta maneira, evidenciamos nesta obra a necessidade de se resgatar o valor histórico e cultural da alimentação. Para tanto, abordamos alguns temas centrais que a envolvem, como a constituição do indivíduo em torno da necessidade de se alimentar e, por sua vez, o surgimento da cultura, da tradição e dos rituais que a permeiam; diferenças entre nutrir-se e alimentar-se, evidenciando os aspectos culturais contidos nesta última palavra; e, por fim, a necessidade de educar as crianças em torno do ato de se alimentar, atribuindo essa função não só às famílias, mas também à escola, uma vez que essa é a instituição que deve transmitir os saberes científicos produzidos historicamente aos aprendizes.

O livro está organizado em sete capítulos. No primeiro, abordamos a temática da "alimentação", evidenciando as diferenças entre nutrir-se e alimentar-se, ou seja, os aspectos culturais que envolvem o ato de se alimentar, como os saberes em torno da produção do alimento, a matéria-prima de uma determinada região e, também, a história de uma pessoa ou de uma comunidade, salientando que alimentação é cultura, uma vez que consumimos a cultura que nos cerca.

No segundo capítulo, abordamos a temática "A construção do homem histórico-cultural e a alimentação", na qual procuramos evidenciar a constituição do homem em torno da alimentação; a formação de sua consciência por meio da linguagem; a importância da linguagem para a perpetuação dos conhecimentos; o surgimento da cultura; o papel da família, da cultura e da sociedade no que se refere à alimentação; a importância dos processos de ensino-aprendizagem para a cultura e formação do ser humano; e, por fim, o homem e os alimentos.

O terceiro capítulo é constituído pelo tema "História, cultura, sociedade e os alimentos". Nele procuramos evidenciar o processo de humanização das culturas alimentares; as identidades culturais que estão ligadas aos modelos alimentares; as transformações históricas e culturais do consumo dos alimentos; a pasteurização dos costumes alimentares advindos da indústria e da sociedade *fast food* e, por fim, a necessidade de resgatar a história e a cultura, por meio do consumo e produção de alimentos tradicionais.

No quarto capítulo, intitulado "A importância da tradição e dos rituais na alimentação", ressaltamos o surgimento das tradições, bem como sua importância para a preservação de uma cultura; trabalhamos com a importância do contexto e da significação dos rituais para uma determinada cultura; e, por fim, enfatizamos a importância da tradição e dos rituais na alimentação.

No quinto capítulo, dissertamos sobre os "Alimentos Tradicionais", enfatizando a *história* presente nesses alimentos; a importância de se resgatar a história neles contida, destacando os movimentos sociais em torno desse resgate; a arte e o ofício ligados à produção desse tipo de alimento e, por fim, a alimentação como ato cultural.

No penúltimo capítulo, o assunto tratado é a "Educação histórico-cultural da alimentação", em que evidenciamos os aspectos pedagógicos em torno do ato de se alimentar, fornecendo encaminhamentos para uma "educação alimentar" e nutricional para nossas escolas. Ao nos basearmos em pressupostos teórico-metodológicos de Paulo Freire, apresentamos uma "Proposta metodológica para um programa de educação alimentar", ou seja, direcionamos aos professores, às secretarias de educação, aos gastrônomos, estudantes e familiares, a necessidade de haver uma compreensão em torno do aspecto histórico-cultural da alimentação e do ato de se alimentar, de maneira a educar as crianças.

Fornecemos assim subsídios pedagógicos de como abordar essa temática histórico-cultural dos alimentos e da alimentação no apoio dos programas de nutrição e segurança alimentar promovidos por órgãos privados e governamentais. Entendemos que os aspectos nutricionais do alimento são temporais e passageiros, estando ligados ao momento da alimentação, satisfazendo as necessidades fisiológicas do corpo humano. Entretanto, os componentes que envolvem a alimentação são considerados atemporais, permeiam toda a existência relacionada ao conjunto de sentimentos de uma pessoa, lugar, região e país.

No último capítulo, apresentamos as conclusões a que chegamos com esta obra, evidenciando o papel do educador (seja ele pai, mãe, professor ou outra pessoa) na transmissão de conhecimentos histórico-culturais produzidos e transmitidos de geração em geração.

Esperamos que este livro ajude-nos a resgatar a cultura, a tradição e os rituais que foram construídos historicamente em torno do ato de se alimentar, melhorando a qualidade de vida das pessoas e de nossas crianças, pois, como já ressaltamos, a educação alimentar inicia-se na infância, sendo esse aprendizado guardado em nossa memória com um sabor ímpar, pois somente a alimentação envolve todos os sentidos do corpo humano.

Aplicação da obra

Livro destinado aos profissionais e estudantes da área de educação, gastronomia, nutrição, história, ciências sociais, entre outros. Leitura recomendada aos pais, educadores e pessoas envolvidas nas secretarias de educação, enfim, a todos aqueles que são responsáveis pela educação das crianças.

Capítulo 1

Alimentação

Em torno da mesa larga, largavam as tristes dietas, esqueciam seus fricotes, e tudo era farra honesta acabando em confidência.

Carlos Drummond

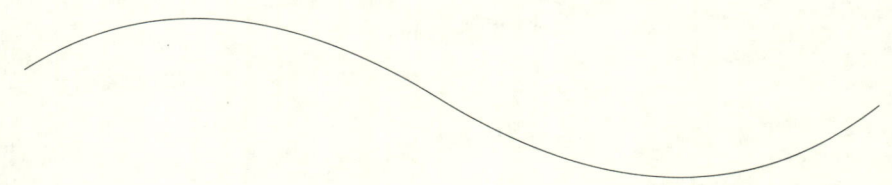

1.1. Introdução

A ALIMENTAÇÃO é essencial à vida de qualquer indivíduo, e por ser necessidade básica dos homens foi em torno dela que eles se organizaram socialmente e formaram sua cultura. Podemos considerar a alimentação um ato cultural, pois está cerceada de diferentes rituais, hábitos, formas de cultivo, manufatura, entre outros. Nesse sentido, alimentar-se ultrapassa a necessidade fisiológica da nutrição.

Ainda que uma quantidade adequada de nutrientes seja essencial ao desenvolvimento do organismo, o homem, enquanto ser histórico e cultural, apresenta a necessidade de interagir com outros homens (ser gregário), sendo o alimento um dos instrumentos básicos desse momento de troca. Portanto, a alimentação é fundamental para o processo de interação e de desenvolvimento do homem.

Diante do exposto, neste capítulo buscamos esclarecer as diferenças entre alimentação e nutrição, salientando os aspectos histórico-culturais que estão em torno do ato de se alimentar nos dias de hoje. Buscamos também conceituar essa temática de acordo com a atual política pública proposta pelo Ministério da Saúde. Num segundo momento, mostramos o porquê de o ato de se alimentar ser cultural, enfatizando a necessidade de se resgatar os rituais e a tradição passada de geração em geração. Para finalizar, neste mesmo capítulo, traçamos uma conclusão do que foi discutido ao longo do capítulo.

1.2. Diferenças entre nutrição e alimentação

Na literatura são claras as diferenças existentes entre a atividade de se alimentar e a de se nutrir. Enquanto esta está relacionada ao conjunto de nutrientes necessários ao bom funcionamento do corpo humano (visão mecanicista do ato de se alimentar), como as vitaminas, as proteínas e os carboidratos, a primeira relaciona-se aos aspectos culturais por trás da forma como ocorreu a confecção e o consumo dos alimentos.

Muito mais que se alimentar para se nutrir, o homem tem a necessidade de se relacionar com outros homens; por isso, na história da alimentação, desde os tempos remotos, os homens estão sempre em comunhão com outros homens. Assim, a alimentação e a atividade de se alimentar são algo histórico-cultural, ultrapassando o sentido de nutrir-se para sobreviver, uma vez que nela estão contidos aspectos culturais de uma determinada sociedade, comunidade ou região, como, por exemplo, rituais, tipos específicos de consumo de alimentos (geralmente ligados a preceitos de uma religião), diferentes modos de manufatura e produção, entre muitos outros aspectos.

Como visto, enquanto a palavra nutrição está associada à ingestão de alimentos para suprir as necessidades básicas do organismo, sendo, portanto, um ato inconsciente e involuntário, a alimentação está ligada aos aspectos culturais em torno dos alimentos. Mas como demarcar tais diferenças?

A nutrição tornou-se uma ciência a fim de estudar o alimento relacionado aos aspectos fisiológicos do corpo, ou seja, as diversas etapas que um alimento sofre, desde a mastigação até sua eliminação. Aliada a isso, essa ciência procurou investigar as substâncias presentes nos alimentos, bem como a forma pela qual essas substâncias influenciam no organismo, como absorção de nutrientes, metabolismos, entre outros aspectos.

Dessa maneira, a nutrição envolve o estudo dos nutrientes que se encontram nos alimentos, como proteínas, carboidratos, gorduras, vitaminas e sais minerais. Por sua vez, o termo alimentação, segundo estudiosos, está ligado à atividade de se alimentar, sendo tal atividade um ato consciente e voluntário, ou seja, a alimentação estaria ligada à escolha e ingestão de alimentos.

Contudo, essa visão da alimentação começou a ser questionada com os estudos realizados por antropólogos, sociólogos e historiadores, que passaram a analisar e identificar a alimentação como um aspecto cultural. Dessa forma, alguns pesquisadores[1] dessas áreas passaram a ressaltar os aspectos histórico-culturais que envolvem os alimentos e o ato de se alimentar, salientando as diferenças entre a nutrição e a alimentação. Essas distinções residem nos rituais e costumes que envolvem o ato de se alimentar. Em alguns estudos[2] são apresentados como exemplos do ato de se alimentar alguns modelos de jantares mineiros em que são analisados os diferentes tipos de rituais existentes, como o de servir um jantar de família e servir um banquete. Esses rituais são definidos como regras de servir à mesa, que vai desde a toalha até a disposição de talheres, pratos, guardanapos, tipos de alimentos, entre outros aspectos.

Outro estudo[3] salienta que a alimentação é um fato da cultura material de uma sociedade, fazendo parte de sua infraestrutura e de sua superestrutura social, ou seja, a alimentação é:

---

[1] Carneiro (2003) e Cascudo (1977).
[2] Cascudo (1977).
[3] Carneiro (2003).

um fato ideológico, das representações da sociedade – religiosas, artísticas e morais –, ou seja, um objeto histórico complexo, para o qual a abordagem científica deve ser multifacetada (Carneiro, 2003, p. 166).

Diante disso, observamos que grande parte dos historiadores e antropólogos concorda que a necessidade da alimentação ultrapassa o sentido do nutrir-se, pois o homem é um ser puramente comensal, isto é,

> a fome biológica distingue-se dos apetites, expressões dos variáveis desejos humanos e cuja satisfação não obedece apenas ao curto trajeto que vai do prato à boca, mas se materializa em hábitos, costumes, rituais, etiquetas. (...) O que se come é tão importante quanto quando se come, onde se come e com quem se come (Carneiro, 2003, p. 1-2).

Por fim, verificamos que as diferenças entre alimentar-se e nutrir-se, ainda que essas duas ações se relacionem, são explícitas. O nutrir-se está relacionado ao aspecto biológico e químico dos alimentos, enquanto que o alimentar-se refere-se a todos os aspectos culturalmente criados pelo homem.

1.3. Política Nacional de Alimentação e Nutrição

Na Política Nacional de Alimentação e Nutrição,[4] a alimentação e a nutrição também possuem aspectos diferenciados, mas apresentam inter-relações, constituindo requisitos básicos para a promoção e proteção

---

[4] Ministério da Saúde (2003).

da saúde do homem. Esses dois aspectos são essenciais para o crescimento, o desenvolvimento humano e a cidadania; tanto a alimentação como a nutrição tornam-se dever do Estado e direito do ser humano.

Diante disso, nessa política está contido o seguinte excerto a respeito da alimentação. Este texto fundamenta os princípios da política sobre a alimentação e a nutrição como direito humano. Vejamos:

> O acesso à alimentação é um direito humano em si mesmo, na medida em que a alimentação constitui-se no próprio direito à vida (...) negar este direito é, antes de mais nada, negar a primeira condição para a cidadania, que é a própria vida (Relatório do Brasil para a Cúpula Mundial de Alimentação, Roma, 1994).

Esses dizeres deixam claro que a alimentação é a base para a sobrevivência humana, sendo ela um direito. Conforme descrito nesse documento, a concretização dos direitos humanos, particularmente no âmbito da alimentação e nutrição, é responsabilidade tanto do Estado quanto da sociedade e dos indivíduos. A política enfatiza o papel do Estado atribuindo a ele o dever de proteger os indivíduos, fornecendo aos cidadãos condições econômicas e sociais para que possam alimentar-se, assegurando que

> nas situações em que seja inviabilizado ao indivíduo o acesso a uma alimentação e nutrição dignas, tais como desastres naturais – seca, enchente etc. – ou em circunstâncias estruturais de penúria, deve o Estado, sempre que possível em parceria com a sociedade civil, garantir o direito humano à alimentação e nutrição adequadas (Brasília: Ministério da Saúde, 2003).

Ainda que o documento distinga a alimentação e a nutrição, ele não aborda o aspecto cultural da primeira, mas ressalta o papel da alimentação como meio de sobrevivência, isto é, sua preocupação se circunscreve aos aspectos nutricionais do alimento, uma vez que sua política está ligada à área da Saúde. Assim, o documento enfatiza os riscos nutricionais para a vida, ressaltando que a nutrição permeia todo o ciclo da vida humana, desde a concepção do indivíduo; por essa razão, a segurança alimentar e nutricional ganha destaque no documento.

Desse ponto de vista, a segurança alimentar e nutricional passou a ser requisito básico para o desenvolvimento físico, mental e social de todo ser humano. Com a finalidade de se atingir tal propósito, essa política definiu as seguintes diretrizes:

• estímulo às ações intersetoriais com vistas ao acesso universal aos alimentos;
• garantia da segurança e da qualidade dos alimentos e da prestação de serviços neste contexto;
• monitoramento da situação alimentar e nutricional da população;
• promoção de práticas alimentares e estilos de vida saudáveis;
• prevenção e controle dos distúrbios nutricionais e de doenças associadas à alimentação e nutrição;
• promoção do desenvolvimento de linhas de investigação;
• desenvolvimento e capacitação de recursos humanos.

As diretrizes institucionais para assegurar a alimentação e nutrição da população evidenciam um grande avanço da sociedade e da humanidade em viabilizar melhores condições para a sobrevivência, uma vez que a desnutrição e a falta de alimentos são as grandes responsáveis pela mortandade de crianças, homens e mulheres na maior parte do mundo. Um exemplo de um programa governamental que tenta viabilizar a segurança alimentar da população brasileira é o "Fome Zero".

Outro exemplo de incentivo institucional refere-se ao "Programa de Aleitamento Materno", sendo este relativo à promoção de práticas alimentares e estilos de vida saudáveis.

Ainda que a alimentação seja o meio pelo qual a humanidade possa contar e continuar a história, somente no século XXI é que foi estabelecida uma política exaltando sua importância. Tal fato nos leva ao seguinte questionamento: por qual razão o motivo de nossa sobrevivência (alimentação) foi esquecido durante tanto tempo?

Em meio a tantas riquezas, à vasta produção tecnológica, conquista de terras, modernização e agricultura de ponta, o homem quase não se dá conta de que se alimentar é essencial para que sobreviva e continue a criar e a construir a história. Nós esquecemos inclusive que a história, a cultura e todas as outras construções foram oriundas dessa ação, do ato de juntos nos alimentarmos.

1.4. Alimentação é cultura

Os homens organizaram-se a fim de satisfazer suas necessidades básicas, como, por exemplo, alimentar-se. Foi a partir dessa necessidade que nasceu a cultura, e, segundo alguns relatos, a comunicação (linguagem) também pode ter-se originado a partir dessa necessidade de interagir e se nutrir.

O homem, sendo um ser gregário, que necessita da interação e da relação com outros homens, em cooperação, foi criando instrumentos e signos linguísticos, a fim de que se passassem para as futuras gerações os conhecimentos e as construções realizadas.

Quando nos nutrimos, também nos alimentamos de história, de cultura, de signos, de rituais e de tradição. Alimentamo-nos de saberes históricos de quem produziu o alimento, de quem o preparou, pois, muito mais que um objeto material com substâncias físico-químicas, o alimento está envolto em relações culturais e afetivas. É muito comum as famílias contarem histórias e relatarem os acontecimentos do dia que passaram, durante e depois das refeições, fortalecendo os laços afetivos.

A cultura inserida no ambiente culinário é definida[5] como a expressão de um mundo vivo, onde os indivíduos vão interagindo para encontrar formas de atividades que correspondam a seu meio. Delas resultam práticas que facilitam a identificação dos elementos, por meio de um processo original de criação e de uso.

Para a antropologia, os pratos de cada local contam a história de uma determinada região, de uma determinada comunidade. A feijoada é um típico alimento que remete a um contexto inventado pelos negros, escravizados no Brasil, para que pudessem sobreviver.

Algumas pesquisas[6] evidenciaram a necessidade de realizar um inventário da cozinha brasileira, não só da típica, mas também daquela que nos "trouxeram os imigrantes que vivem aqui, difundindo valores culturais que se manifestam de modo particular na cozinha" (Arroyo, 1977, p. 89). Nessas pesquisas ainda é ressaltado que

> *De várias regiões do país conhecemos este ou aquele prato típico, uma forma de doce, uma técnica de fabricação de vinhos ou licores* (...) (Arroyo, 1977, p. 89).

Pelo fato de o Brasil ser um país multicultural e de grande extensão territorial, o conhecimento das especialidades de cada cultura se disseminou. Valores de traços culturais de outros Estados e de outros

---

[5] Orico (1972).
[6] Arroyo (1977).

países estão, assim, presentes nas casas e, muitas vezes, conservam-se vivos, atuantes, necessitando de pesquisas, a fim de se constituir uma "geografia da cozinha".

Na década de setenta do século passado, no Brasil, o preparo dos alimentos ainda era feito em sua maioria de forma artesanal, principalmente em alguns restaurantes que valorizavam o tipo de alimento por toda a história contida nele, e não apenas por seu sabor. Esses restaurantes que faziam comida de forma artesanal eram denominados de "casas de caráter"; eles eram exaltados por não se condicionarem aos aspectos de industrialização e comercialização da comida, mas ao artesanato (arte + trabalho) culinário. Essas "casas de caráter" valorizavam o saber-fazer daqueles que preparavam e ainda preparam os alimentos:

> Numa casa de caráter a cozinheira faz parte do recinto, é valorizada, há enfeites típicos etc. A casa de caráter é aquela onde entra o povo, onde se realiza a mais completa democracia ao redor da mesa (Arroyo, 1977, p. 96).

Para uma maior compreensão, o artesanato[7] pode ser entendido como uma atividade para os usos, que vão tornando-se costumes de acordo com determinado ambiente, constituindo-se em heranças tradicionais, normalmente ligadas à comodidade e à simplicidade da vida regional. Assim, o alimento tradicional, artesanal, é um alimento ligado a uma determinada cultura, como veremos no capítulo "Alimentos Tradicionais" desta obra.

No que se referem às diferenças que encontramos na alimentação brasileira, essas se devem às diversas regiões que compõem nosso país, ou seja, a vasta extensão territorial leva-nos à conclusão de que

---

[7] Orico (1972).

não existe uma cozinha brasileira, mas "várias cozinhas brasileiras". Todavia, a singularidade de cada contexto, "seja pela raridade do produto e dos temperos utilizados para sua confecção, é o que faz com que haja 'arquipélagos culinários'" (Orico, 1972, p. 27).

Tanto a alimentação é um fato cultural que as receitas típicas de cada estado ou região governam o apetite de seus habitantes, dando-lhes as sugestões do paladar. Mas não é somente a região que forma nosso paladar, também as relações com o alimento e os aspectos culturais que o envolvem têm um papel fundamental. Recordamos e nos identificamos com os alimentos consumidos em nossa tenra infância, pois a eles estão associados afetos, carinhos, emoções e memórias. Por essa razão, a alimentação na primeira infância é a responsável pela formação de nosso paladar.

Atualmente, quando vamos a uma praça de alimentação de algum shopping e nos deparamos com uma mãe dando na boca de seu filho uma batata frita de alguma rede de *fast food*, desaprovamos esse ato. O paladar dessa criança está sendo moldado não pela batata frita (que pode em um futuro trazer problemas de saúde, caso seja consumido de forma demasiada), mas pela mão da mãe em realizar esse gesto.

Dessa maneira, o alimento consumido e o ato de se alimentar estão cercados por representações culturais, desde o plantio, o preparo e sua degustação. Por essas razões, a alimentação é cultura.

1.5. Conclusão

Nada melhor do que ressaltar um trecho da obra de Orico (1972) para concluirmos este capítulo em que procuramos mostrar o motivo pelo qual a alimentação ultrapassa os limites da nutrição, tornando-se um ato histórico e cultural. Vejamos:

Em Manaus, é no flutuante do porto, na Praia do Mercado e em outros pontos tradicionais que se repete o espetáculo do encontro da cidade com os produtos da região. O movimento e a algazarra que caracterizam essas cenas emprestam-lhe um ar de festa. A felicidade do estômago não está apenas na hora em que os pratos começam a ser servidos; funciona desde o momento em que o feirante vê na praia, na doca, no trapiche ou no mercado o paneleiro da farinha de seu agrado, a posta de peixe de sua preferência, o garrafão de tucupi e as pimentas em que irá ferver seu pato assado. Todos esses antecedentes visíveis e visuais concorrem para dar à cozinha amazônica sua atmosfera e seu paladar. Essa tese pode ofender ou chocar os nutricionistas, que andam à cata de vitaminas e proteínas contidas nos alimentos que devemos preferir para estarmos de acordo com as necessidades de nosso organismo. Os que porém se acostumaram aos pratos típicos e buscam saboreá-los duplamente – com o paladar e com a memória – preferem comer o que lhes apetece – ainda que lhes faça mal – a digerir o que recomendam os dietistas – ainda que lhes faça bem. (...) na alimentação regional, são poucos os que preferem as receitas dos médicos às receitas da cozinha (Orico, 1972, p. 32 e 33).

Referências bibliográficas

ARROYO, L. "A Mesa em São Paulo", in: CASCUDO, L. C. (Org.). *Antologia da Alimentação no Brasil.* Rio de Janeiro: Livros Técnicos e Científicos, 1977.

CARNEIRO, H. *Comida e sociedade: uma história da alimentação.* Rio de Janeiro: Campus, 2003.

CASCUDO, L. C. *Antologia da Alimentação no Brasil.* Rio de Janeiro: Livros Técnicos e Científicos, 1977.

MINISTÉRIO DA SAÚDE. *Política Nacional de Alimentação e Nutrição.* 2ª ed. Brasília: Ministério da Saúde, 2003.

ORICO, O. *Cozinha Amazônica.* Belém: Ed. UFP, 1972.

Relatório do Brasil para a Cúpula Mundial de Alimentação, Roma, 1994.

Capítulo 2

A construção do homem histórico-cultural e a alimentação

*A verdadeira tristeza se mostra ao vermos,
com o passar do tempo,
os pratos serem retirados da mesa.
É quando nos deparamos com o vazio...*

Luís Fernando Soares Zuin

2.1. Introdução

Vamos dissertar aqui sobre como ocorre o processo de construção do homem e a formação de sua cultura, evidenciando o papel da alimentação nesse processo. Para tanto, ressaltamos a importância da interação do homem com outros homens, bem como sua relação com o mundo que o cerca.

Destacamos que a relação do homem com o mundo não é algo direto, mas fundamentalmente mediado, e que esses elementos mediadores foram criados pelos próprios homens no processo de constituição de sua cultura. Abordamos os tipos de atividades mediadoras existentes (instrumentos e signos) e que perpassam a relação homem-mundo.

Evidenciamos a importância da linguagem (que é um sistema de signos criados pelos homens com o intuito de se comunicarem) para a constituição do sujeito, de seu pensamento, de sua consciência e da apropriação da cultura. Enfocamos ainda a questão da cultura, sua formação e sua importância para a vida do homem em sociedade, enfatizando que esta foi constituída ao redor da alimentação. Ainda neste capítulo, salientamos o papel da família, da cultura e da sociedade na formação do indivíduo e de seu paladar.

Para finalizar, discursamos sobre o processo de ensino e aprendizagem para a apropriação da cultura, dos ritos e costumes ligados à alimentação.

2.2. A formação do homem

Conforme a teoria histórico-cultural,[1] o homem se constrói no ambiente em que vive. É por meio de um processo de interação com outros homens que ele constrói sua história e sua cultura, ao mesmo tempo em que se constitui nessa cultura e nessa história criada por ele.

Por meio desse processo de interação social, os homens criaram alguns mecanismos para sua sobrevivência e para a comunicação com outros homens, como, por exemplo, os instrumentos físicos[2] e os simbólicos.[3] São esses mecanismos que permitiram aos homens nortear seu pensamento e sua vida em sociedade.

Dessa forma, o social, a história e a cultura possuem um valor fundamental para essa teoria, pois a constituição do indivíduo se dá fundamentalmente nas relações sociais, por meio de mediações.

A categoria de mediação, segundo alguns estudos,[4] é inerente ao trabalho, e foi por meio dele que se complexou, modificando não só o meio social, mas o próprio homem. Contudo, à medida que a sociedade foi modificando-se, tornando-se mais complexa, surgiram novas necessidades e, consequentemente, novas mediações, como as atividades mediadoras através dos signos.[5]

---

[1] Vygotsky (2001).
[2] Definido como qualquer objeto material, como uma faca, uma vara, uma panela, entre outros.
[3] Aqui se destacam a linguagem e os signos criados pelos homens a fim de se comunicarem.
[4] Vygotsky (1995) é um dos principais representantes da teoria, juntamente com Luria e Leontiev.
[5] Zuin, P. B. e Reyes (2004).

Entre os elementos mediadores,[6] destacam-se os instrumentos (ferramentas usadas para o trabalho) e os signos (linguagem usada para a comunicação). A mediação por instrumentos possui ligação direta com os postulados marxistas a respeito de sua importância como elemento interposto entre o trabalhador e o objeto de seu trabalho. O instrumento é feito para um fim específico, um objeto social e mediador da relação do homem com o mundo, como, por exemplo, uma ferramenta (panelas e utensílios domésticos) usada para o trabalho. Já a mediação por signos é outro meio inventado pela humanidade, a fim de auxiliá-la no campo psicológico.

O signo age na atividade psicológica de maneira similar ao emprego dos instrumentos no trabalho, porém o que os diferencia é que os instrumentos são externos aos indivíduos, sendo sua função provocar mudanças nos objetos. Os signos, por sua vez, são orientados para a formação do próprio sujeito, de modo a auxiliar seus processos psicológicos; são interpretáveis como representação da realidade, constituindo, portanto, sua consciência.[7]

Para a constituição do ser humano e da cultura, é fundamental a comunicação – que se manifesta sob a forma de signos –, pois somente a partir da linguagem é possível que haja a transmissão da cultura, ou seja, de tudo o que foi produzido socialmente. Portanto, é por meio da linguagem, do sistema de signos criados pelo próprio homem, que eles podem ter a consciência da cultura historicamente construída e perpetuá-la.

---

[6] Vygotsky (1993).
[7] Zuin, P. B. e Reyes (2004).

2.3. A linguagem como responsável pela transmissão e apropriação da cultura

A linguagem é essencial para a formação do homem e da sociedade, pois é por meio dela que conseguimos pensar sobre a história da humanidade e tornar conhecimento dela. Por meio dela os homens puderam expressar seus pensamentos, interagir uns com os outros, criando assim a cultura.

Dissociar a linguagem do pensamento é refutar que os homens vivem em sociedade e dependentes uns dos outros, pois somente por meio dessa necessidade, da interação, é que denominamos tudo e significamos a nós mesmos, bem como o que é exterior a nós. Separar a linguagem do pensamento é refutar nossa própria existência, nossa condição humana de sujeitos pensantes e históricos.[8]

Na filosofia marxista-leninista, o conceito de consciência é tão importante como o de matéria. Graças à consciência, é possível avaliar os acontecimentos e os outros homens, compreender o mundo e analisar o conhecimento historicamente construído.

O pensamento humano[9] percorreu uma trajetória longa e contraditória antes de conhecer sua própria natureza. A experiência cotidiana do homem atesta que qualquer objeto, mesmo não-orgânico, reflete o mundo exterior, ou seja, pode imprimir ações externas, modificando-se sob sua influência, e esta modificação é chamada de reflexo.

Durante a vida de um ser, os reflexos podem ser divididos em duas categorias: inatos e adquiridos. Os inatos seriam aqueles formados durante a longa evolução de uma determinada espécie (filogêne-

---

[8] Zuin, P. B. (2006).
[9] Krapivine (1996).

se); já os adquiridos formam-se no decurso da vida do indivíduo. Vale salientar que o reflexo só é racional em determinadas condições e perde seu sentido quando essas condições mudam.

Assim a racionalidade possui ligação estreita com a consciência, o que nos permite diferenciar o homem do animal; portanto, a consciência é, assim, uma forma superior e especificamente humana de reflexo. Surgiu com o homem e a vida humana.[10]

Na busca da sobrevivência e da necessidade de empregar instrumentos para suprir as necessidades básicas, iniciou-se em nossos antepassados a transformação dos reflexos em atividade consciente suscetível de transformar o meio ambiente com instrumentos especialmente preparados.

Foi justamente o trabalho que conferiu ao corpo e ao cérebro características humanas, como sensações. Portanto, o novo tipo de atividade – a produção – e o novo tipo de relações – as relações de produção – conduziram mudanças qualitativas na percepção do meio ambiente. Além disso, desenvolveu-se no homem a faculdade específica de determinar conscientemente um objetivo. Assim, a *conscientização do ambiente*, a *identidade de si próprio*, enquanto indivíduo, e a *atividade subordinada a um fim* constituem os três atributos do reflexo da realidade que surgiu durante a evolução do homem.

Pela ótica marxista, a linguagem também foi produto da necessidade dos homens de se relacionarem uns com os outros. Com ela o homem começou a designar fenômenos,[11] propriedades, objetos e ações com certos sons e sinais no intuito de se comunicar. O reflexo da realidade por meio das palavras é a forma especificamente humana

---

[10] Zuin, P. B. (2006).
[11] Krapivine (1996).

de reflexo. Diante disso, a consciência surgiu das necessidades da produção e da vida social em geral; por isso, ela não pode aparecer e nem existir fora da sociedade e das relações sociais.

> Pode-se referir à consciência, à religião e tudo o que se quiser como distinção entre os homens e os animais; porém, esta distinção só começa a existir quando os homens iniciam a produção de seus meios de vida (...). Ao produzirem seus meios de existência, os homens produzem indiretamente sua própria vida material (Marx, 1977, p. 19).

Nesse sentido, são os modos de produção que permitem distinguir os homens dos animais.

> A produção de ideias, de representações e da consciência está em primeiro lugar direta e intimamente ligada à atividade material e ao comércio dos homens; é a linguagem real (Marx, 1977, p. 25).

Sendo, portanto, os modos de produção a linguagem real que movimenta a vida do homem na sociedade, a produção intelectual, a linguagem das leis, a política, a moral e a religião surgem em decorrência do comportamento material do homem.

São os homens que, ao desenvolverem sua produção material,[12] bem como suas relações materiais, transformam a realidade, o pensamento e os produtos desse pensamento. Assim, "não é a consciência que determina a vida, mas a vida que determina a consciência" (Marx, 1977, p. 26). Para referendar-se à consciência, são relatados quatro pressupostos de toda a existência humana. O *primeiro*, de toda a his-

---

[12] Marx (1977).

tória, é que os homens devem estar em condições de poder viver, a fim de fazer a história, ou seja, a produção dos meios que permitem aos homens satisfazer as necessidades básicas, como beber, comer, abrigar-se e vestir-se.

O *segundo* são as novas necessidades, pois a ação de satisfazer a primeira necessidade, bem como o instrumento utilizado, condiciona às novas necessidades. Assim, a produção de novas necessidades constitui o primeiro fato histórico.

O *terceiro* aspecto que intervém diretamente no desenvolvimento histórico é o fato de os homens, que a cada dia renovam sua própria vida, reproduzirem, isto é, criarem, outros homens.

O *quarto* é a cooperação, que é a relação entre a produção por meio do trabalho e a produção por meio da procriação, isto é, uma dupla relação – a relação natural e social. Social, descreve Marx, no sentido de ação conjugada de vários indivíduos, não importando em que condições, de que maneira e com quais objetivos.

Depois de examinados os quatro momentos, o autor[13] descreve "que nos apercebemos de que o homem também possui consciência" (p. 35). Não se trata de uma consciência pura, já que é formada por signos que se manifestam sob a forma de camadas de ar em movimento, de sons, numa palavra, sob a forma de linguagem. Assim descreve:

> A linguagem é tão velha como a consciência: é a consciência real, prática, que existe também para outros homens e que, portanto, existe igualmente só para mim e, tal como a consciência, só surge com a necessidade, as exigências dos contatos com os outros homens.

---

[13] Marx (1977).

Onde existe uma relação, ela existe para mim. O animal "não se encontra em relação" com coisa alguma, não conhece de fato qualquer relação; para o animal, as relações com os outros não existem enquanto relações.

A consciência é, pois, um produto social e continuará a sê-lo enquanto houver homens (Marx, 1977, p. 36).

A consciência[14] é, antes de tudo, a percepção do meio sensível imediato e de uma relação limitada com outras pessoas e coisas situadas fora do indivíduo. Há dois tipos de consciência: a de *natureza puramente animal* e *a consciência da necessidade de estabelecer relações com os indivíduos que o cercam*. Essa necessidade marca para o homem a tomada de consciência de que realmente vive em sociedade.

Nesse sentido, a consciência[15] só ocorre no processo de interação social. Desta forma, é enfatizada a importância dos signos, da linguagem, na constituição da consciência, na formação do homem.

2.4. O homem e a cultura

A cultura é constituída pelo conjunto mediador de instrumentos (utensílios e demais bens materiais) e pelo arcabouço de normas que regem os diversos grupos sociais (ideias, artesanatos, crenças e costumes), todos esses advindos dos signos criados pelo homem.[16] Ao se considerar a cultura, seja ela simples ou complexa, estaremos sempre na presença de um vasto aparato material e sígnico.

---

[14] Marx (1977).
[15] Bakhtin (1995).
[16] Malinowski (1948).

Uma teoria que explique o que é a cultura em primeiro lugar deve basear-se nos fatos biológicos dos seres humanos. Como espécie animal, os seres humanos estão sujeitos às condições elementares que devem ser supridas, para que possam sobreviver, como a satisfação de suas necessidades básicas ou orgânicas, tal como a necessidade de se alimentar. Conforme visto no item anterior,[17] essa necessidade básica estaria relacionada ao reflexo inato. A fim de suprir tal necessidade o homem criou, então, um ambiente artificial e secundário, ou seja, a cultura ou um nível cultural de existência. Um nível cultural de vida significa o surgimento de novas necessidades impostas à conduta humana, como a relação social, a criação de instrumentos, signos, tradições, rituais, entre outros aspectos.

Com o intuito de satisfazer as necessidades básicas ou os reflexos inatos de seu organismo, o homem teve de providenciar e desenvolver atividades que o levassem a se alimentar, a se aquecer, a se vestir e a se proteger do frio e das demais intempéries. Esses problemas foram solucionados pelos indivíduos com ferramentas, mediante a organização em grupos cooperativos e também mediante o desenvolvimento de conhecimento e de valores.

Pode-se conceber uma teoria sobre a cultura[18] segundo a qual as necessidades básicas e sua satisfação cultural se ligam às novas necessidades culturais que impõem ao homem e à sociedade um tipo secundário de determinismo, como, por exemplo, conhecimento, religião, política, educação. Esses imperativos podem ser divididos em dois grupos: os instrumentais e os integrativos. O primeiro grupo é constituído pelos diferentes tipos de atividades que exercem os ho-

---

[17] Krapivine (1996).
[18] Malinowski (1948).

mens, como as atividades econômica, normativa, educativa e política. O segundo refere-se ao conhecimento e à religião.

Todavia, para que fosse mantido esse nível cultural de vida, era extremamente necessário que todos esses saberes, construídos pelo surgimento de tais necessidades, fossem mantidos. Por essa razão, é fundamental o papel que desempenha a tradição cultural, pois somente por meio dela, isto é, da transmissão de geração a geração, é que uma cultura pode ser mantida.

Foi durante esse processo histórico e cultural, como bem ressaltou Paulo Freire,[19] que homens e mulheres, a fim de perpetuar a cultura, foram criando métodos de ensino-aprendizagem, bem como todos os conhecimentos historicamente construídos por eles.

Nesse sentido, toda cultura[20] apresenta métodos e mecanismos de caráter educativo. Em qualquer comunidade, é necessário que existam alguns dispositivos para sancionar os costumes e as normas éticas e legais. Para tanto, são indispensáveis algumas formas de organização econômica. A análise científica da cultura delineada pelo autor mostra-nos um sistema de realidade que também se conforma às leis gerais e, em consequência, pode ser usado como guia para o trabalho de campo, como meio de identificação de realidades culturais e como base de condução social. As análises do autor visaram definir a relação entre um comportamento cultural e uma necessidade humana, básica ou derivada, denominada por ele de funcional (relativo às funções vitais).

Essa faculdade não admite ser definida somente como a satisfação de necessidades por meio de uma atividade na qual os seres humanos cooperam, usam utensílios e consomem mercadorias. O comporta-

---

[19] Freire (2001).
[20] Malinowski (1948).

mento cultural está ligado ao conceito de organização institucional, que possui o propósito de atingir qualquer objetivo ou alcançar um fim. Desta maneira, a organização implica um esquema ou uma estrutura muito bem definida, cujos principais fatores são universais, aplicados a qualquer grupo organizado em toda a extensão do gênero humano.

O conceito de organização humana implica um acordo sobre uma série de valores tradicionais ao redor dos seres humanos. Com um objetivo específico, os homens estabelecem juntos normas de associação, a fim de trabalharem com os instrumentos materiais (equipamentos) para satisfazer seus desejos e a reprodução do meio circundante. As análises funcional[21] (funções vitais) e institucional (organização) permitem definir a cultura de forma mais concreta.

A cultura é um composto integral de instituições em parte autônomas e em parte coordenadas. Está constituída por uma série de princípios, como grau de parentesco entre as pessoas (por meio da identificação dos descendentes), o contato no espaço, relacionado com a cooperação, as atividades especializadas e, por último, o uso do poder na organização política. Assim, cada cultura alcança sua plenitude e autossuficiência pelo fato de satisfazer um conjunto de necessidades básicas, instrumentais e integrativas.

De acordo com Paulo Freire,[22] a cultura, assim como a história, é uma criação social do ser humano, isto é, do *saber* humano, do *fazer* humano e do *criar* humano. Conforme salienta o autor, a cultura humana não é inocente (ato político), uma vez que qualquer experiência significativa realiza-se como cultura e dentro de uma cultura.

---

[21] Malinowski (1948).
[22] Freire (2006).

Desta forma, o que sentimos, o que pensamos, o que falamos, o que criamos e transformamos são momentos do trabalho inventivo da realização da pessoa humana no contexto de uma cultura. A cultura está, assim, em todas as esferas da sociedade humana, envolvendo tanto o produto do trabalho, como uma mesa, um livro, quanto os modos de manufatura desses produtos; assim, a cultura é também parte que fundamenta a dimensão política e econômica da vida social, pois os mesmos símbolos e significados podem estar disponíveis a todos os homens e mulheres, para que possam dialogar. Portanto, princípios de convivência, regras de sociabilidade, ideias científicas, filosóficas ou religiosas e valores éticos são frutos da criação humana.[23]

Diante do exposto, a cultura também está presente na alimentação, pois essa ultrapassa a necessidade de nutrição, tal como ressaltamos no primeiro capítulo desta obra. O ato de alimentar-se é também cultural, como poderemos verificar a seguir.

2.5. O papel da família na formação da criança e de seu paladar

Durante a primeira infância, boa parte da aprendizagem de uma cultura ocorre durante as relações familiares, pois a família é a primeira instituição com que ela possui contato. A família é considerada o primeiro sistema social responsável por transmitir para e entre seus membros um conjunto de valores, costumes e histórias. No que se refere à criança, essa troca de informações culturais é considerada sua primeira

---

[23] Brandão (2001).

referência *identitária*. Em alguns estudos[24] a identidade se constrói na relação de *alteridade*,[25] na relação do "eu" com o "outro", sempre por meio do processo da mediação *sígnica* da história, da cultura e dos valores. As mediações que ocorrem nessa instituição e nessa fase da vida do indivíduo são de importância ímpar para sua constituição.

Envoltos nesse cenário a família exerce um importante papel durante o processo da aprendizagem, tanto para a linguagem verbal como para a alimentação, ambas fortemente influenciadas pelo contexto social no qual o indivíduo está inserido. As relações familiares possuem um papel essencial na formação do paladar, o que irá ocasionar as futuras escolhas alimentares. Geralmente gostamos e adotamos alguns alimentos que agradam as pessoas com as quais possuímos algum vínculo sentimental. Esse tipo de escolha ocorre porque na tenra infância o aprendizado ocorre por imitação, isto é, consumindo determinado alimento estaríamos deixando "feliz" aquele que está conosco.

As crianças só irão alimentar-se e apreciar alimentos que fazem parte dos costumes das pessoas com quem elas moram e convivem.[26] Portanto, nossas escolhas alimentares são, normalmente, aprendidas durante nossa infância,[27] sendo mediatizadas por adultos afetivamente poderosos, conferindo a nosso comportamento uma influência sentimental resistente e perdurável com o tipo de alimento que iremos consumir durante nossa vida.

Por várias razões, como, por exemplo, uma busca por uma melhor qualidade de vida ou uma enfermidade, nossos hábitos alimen-

---

[24] Bakhtin (1995 e 2003) e Larrosa (1998).
[25] Alteridade significa a relação do eu com o outro, compreendendo que o outro é fundamental para a constituição do eu.
[26] Zuin, L. F. S. e Zuin, P. B. (2008).
[27] Mintz (2001).

tares podem mudar radicalmente quando crescemos. Por outro lado, as formas sociais (como, onde e com quem comer), aprendidas por meio da alimentação, permanecem marcadas em nossa consciência; o peso da memória do primeiro aprendizado alimentar é muito alto. Como no caso do feijão de nossa mãe: durante toda a vida buscamos o mesmo sabor nos mais variados lugares, busca essa em vão. Os sabores dos alimentos nos fazem lembrar de "tempos felizes", de pouca ou nenhuma preocupação.

Recentemente a fotógrafa americana Melanei Dunea, em seu livro intitulado "Meu Último Jantar", perguntou para um conjunto de chefes de cozinha famosos, de várias nacionalidades, a seguinte questão: "Caso você fosse morrer amanhã, qual seria sua última refeição?". Um terço deles respondeu que comeria alimentos que lembrassem a comida que suas mães faziam durante a infância. Esses chefes famosos fariam as receitas de forma que o alimento ficasse com o sabor e a textura o mais próximo possível do original.

Sabendo-se que o alimento é uma das primeiras formas de contato da criança com sua cultura, é com os alimentos consumidos na tenra infância que o ser humano tende a ficar identificado ao longo de sua vida.

No entanto, na atualidade, a história familiar – sua memória, sua organização e seu patrimônio cultural – tem sido esquecida, não só no que se refere à alimentação, mas a outros valores. As novas famílias têm deixado de transmitir para seus filhos os costumes das relações familiares, os rituais que nelas estão inseridos, os valores construídos por gerações. Essa nova realidade faz com que as novas famílias não mais guardem e empreguem em seu cotidiano as receitas que há gerações se encontravam à mesa. A ação de cozinhar é cada vez mais rara entre pais e mães.

O fato de as famílias não mais transmitirem suas tradições aos filhos, tradições essas que passam pela mesa (sendo este *passar* um ato simbólico e de relação social, como veremos), tem feito com que as novas gerações percam muito do que vem atrelado à ação de comer e preparar juntos os alimentos consumidos. A cozinha, sendo o local frequente do preparo e do consumo dos alimentos, sempre foi considerada um espaço de encontro, diálogo e partilha.

> Na cozinha, prevalece a arte de elaborar os alimentos e de lhes dar sabor e sentido. Nela, há intimidade familiar e afetividade. Ainda nela despontam as relações de gênero, gerações, emoções e atividades que traduzem uma relação do homem no mundo e com o mundo (Zuin, L. F. S. e Zuin, P. B., 2008, p. 25).

Recentemente, estivemos no Rio Grande do Sul, na cidade de Garibaldi. Em nossa estada, fomos visitar a "Estrada do Sabor", um roteiro rural onde pequenos produtores rurais produzem e oferecem em suas propriedades, além dos bens especiais agroalimentares (alimentos tradicionais) para a comercialização (como, por exemplo, vinhos, sucos de uva, salames, queijos, entre outros), almoços e jantares com comida típica da região. Em uma dessas casas, chamada *Osteria della Colombina*, tivemos a oportunidade de conhecer a família Lazzari, composta por cinco mulheres, a mãe e suas quatro filhas. Há algum tempo a mãe e as meninas enxergaram uma oportunidade de gerar renda vendendo aquilo que elas sabem fazer de melhor: refeições com suas receitas familiares. Elas contam que a cozinha sempre fora um local de partilha de conhecimentos, passados de geração em geração, e que, por meio das refeições, à mesa, elas puderam sempre partilhar sentimentos, segredos e experiências.

A família contou-nos muitos casos e experiências que recordavam sobre a cozinha e o ato de se alimentar, ressaltando os valores culturais, os rituais e os valores que estavam por trás da comida. Entre outros relatos, a mãe falou-nos do valor simbólico do pão, evidenciando que ele é um alimento sagrado, de partilha e comunhão.

Conforme relatado por essas mulheres, há um incentivo do governo italiano para que as famílias da região mantenham a cultura de seus antepassados. Para tanto, o governo italiano tem ofertado bolsas de estudos aos descendentes, a fim de que eles transmitam às futuras gerações a tradição e o conhecimento ligados à alimentação e à produção de alimentos tradicionais da cultura italiana. As famílias com que tivemos contato, em nossa estada, da região de Garibaldi (RS), foram contempladas com essas bolsas. Uma delas era uma das filhas de Dona Odette Bettú Lazzari, da casa de refeições *Osteria della Colombina*, que foi à Itália para aprender os modos de produção de vinhos artesanais.

O resgate à produção de alimentos tradicionais, como veremos em capítulos subsequentes, faz parte de um movimento na Europa denominado *Slow Food*. Este movimento, indo de encontro à industrialização e à cultura *Fast Food*, busca valorizar e preservar os antigos modos de preparo dos alimentos, bem como ressalta a importância de comer alimentos frescos, incentivando os benefícios de se comer à mesa com a família de forma calma, devagar...

Os benefícios elencados por psicólogos, educadores e sociólogos não se circunscrevem apenas à formação do indivíduo no que tange a sua integridade psicológica e formação de sua identidade, mas também à perpetuação dos valores historicamente construídos.

Desta forma, o não preparo dos alimentos, juntamente com os familiares, consagrando as receitas e histórias de gerações, faz com que a memória histórica de um grupo e de gerações não seja mantida, uma vez que a tradição também se relaciona às memórias, às recordações e aos costumes (Zuin, L. F. S. e Zuin, P. B., 2008, p. 26).

2.6. O processo de ensino-aprendizagem para a apropriação da cultura, da tradição, dos ritos e costumes referentes à alimentação

A atividade humana é mediada por uma infinidade de elementos, como relações interpessoais; objetos ou instrumentos; necessidades e finalidades; valores e interesses; entre outros.

Qualquer conhecimento construído historicamente necessita da relação de ensino-aprendizagem para ser transmitido e apreendido. É por meio dessa relação que nos apropriamos da cultura, dos costumes e de todas as coisas que estão a nosso redor.

A criança,[28] ainda bebê, apreende o mundo exterior graças ao gesto, a um signo visual feito para a ela. A mãe ou o pai, assim como qualquer mediador, ao apontar um objeto à criança e denominá-lo, faz com que ela vá apreendendo esse mundo sígnico e simbólico. É dessa maneira que temos o primeiro contato com a cultura historicamente construída; daí a importância da família, assim como das demais relações sociais, na aprendizagem cultural que acontece na primeira infância.

Há um típico exemplo, muito utilizado na psicologia, que conta a história de duas meninas indianas que, ainda bebês, foram abandonadas em uma floresta e criadas por lobos, desenvolvendo assim com-

---

[28] Vygotsky (1991).

portamentos semelhantes aos daqueles que a criaram, como o uivo e o andar de quatro. Ao serem encontradas por humanos, elas não conseguiram adaptar-se à cultura, sobrevivendo poucos anos, sem nunca ter aprendido a falar, a ler e a usar o banheiro. Esse relato nos demonstra que a mediação daqueles que nos circundam é decisiva para que tenhamos comportamento tipicamente cultural.

Conforme Paulo Freire,[29] o ser humano, *homens e mulheres*, sendo históricos, vão constituindo-se nas relações sociais e culturais por meio do processo de ensinar e aprender. O homem é um sujeito construído e constituído nos contatos sociais, e as relações de ensino-aprendizagem desempenham um papel central em sua formação. É por meio dessas relações sociais – que se estabelecem graças à linguagem – que a apropriação da cultura construída pelo próprio homem ocorre.

Para Paulo Freire,[30] tanto a interação como a apropriação do saber ocorrem por meio de situações de ensino e aprendizagem que podem ser formais ou informais. A conjuntura formal de ensino acontece em local específico, de nome escola, sendo esta responsável pela difusão do saber científico. Durante a relação formal de ensino-aprendizagem, o processo de transmissão do saber é encaminhado por um educador que possui como profissão o ensinar. Na educação formal, a mediação deve ser sempre intencional. Logo, o educador deve possuir consciência de suas escolhas, dos valores e do conteúdo que serão ensinados e aprendidos.

Já nas situações informais de ensino-aprendizagem, as mediações podem ser ou não intencionais. Contudo, os saberes transmitidos e ensinados ocorrem nos diferentes âmbitos da vida, como na família,

---

[29] Freire (2001).
[30] Freire (2001).

nos círculos de amizade, entre outros. Os conteúdos transmitidos e ensinados não precisam necessariamente ser científicos, mas podem ser saberes referentes ao cotidiano. A divisão entre conceitos científicos e cotidianos pode ser compreendida nos estudos[31] sobre a formação e o desenvolvimento do pensamento por conceitos.[32]

Uma pessoa só aprende por meio da relação inseparável entre ato de ensinar e a ação de aprender. Em seus estudos, Paulo Freire observa que foi necessário aos *homens e mulheres* desenvolver formas distintas de ensinar, criando uma variedade de métodos para esse propósito. Essa variedade de métodos de ensino pode ser conceituada por um conjunto de teorias que a eles se entrelaçam. Entretanto, todos os métodos apresentam uma visão distinta de mundo, sujeito, linguagem e aprendizagem.

Paulo Freire[33] descreve que tanto o processo de ensinar como o de aprender são processos que se inter-relacionam, sendo considerados também interdependentes, já que a forma de ensinar contém o ato de aprender, visto que um não existe sem o outro. Entendendo o ato de ensinar inter-relacionado com a ação de aprender, esse processo, conforme o autor, ocorre apenas por meio da linguagem ou comunicação. Segundo o autor, a linguagem, fundamental para a comunicação, manifesta-se sempre sob a forma de diálogo. Diálogo, porque a comunicação pressupõe sempre o outro para que seja possível uma troca linguística. Diálogo, porque a fala do outro sempre invoca no sujeito uma atitude responsiva.[34]

---

[31] Vygotsky (1993).
[32] Os conceitos são os significados dos signos criados pelo homem.
[33] Freire (2001).
[34] Bakhtin (2003).

Essa maneira de se conceber a linguagem está relacionada à maneira de se conceber o indivíduo, um sujeito construído e constituído historicamente por meio de suas relações com o mundo e que, portanto, não se apresenta como um sujeito passivo; ao contrário, é um sujeito que carrega toda uma história e sentidos relacionados a suas vivências e memórias. Diante disso, a concepção de aprendizagem baseada nesse pressuposto parte de que o educando é um sujeito ativo e que já traz experiências, vivências, aprendizagens anteriores, devendo o processo de ensinar e aprender estar associado a esse contexto já vivenciado pelo educando.

De acordo com Paulo Freire,[35] o diálogo também pode ser problematizador. Essa denominação dada pelo autor se deve à tarefa que cabe ao educador desenvolver, isto é, de fazer com que o educando reflita e pense criticamente a respeito das coisas que estão a seu redor. Ao fazer o educando pensar criticamente, o educador cria a possibilidade para a produção e construção do conhecimento.

Diante disso, na teoria de Paulo Freire, o educador não transfere seus conhecimentos aos educandos, que supostamente sabem menos; ao contrário, os educandos são sujeitos ativos, que constroem seus conhecimentos no processo de interação e reflexão das coisas a seu redor. É por essa razão que o autor critica o ensino como transferência de conhecimento, porque qualquer aprendizagem necessita da construção de conceitos e elaboração de sentidos.

Assim, no processo de formação do homem, um ensino significativo, que considere o contexto no qual o educando está inserido, é de fundamental importância. Pensando nessa forma de se conce-

---

[35] Freire (2001).

ber o homem e a relação de ensino-aprendizagem, evidenciamos o quanto é essencial a aprendizagem ligada à alimentação e ao ato de se alimentar.

Ressaltar para a criança que a alimentação também possui sua história, ligada a uma cultura, a uma região, a um modo específico de preparo e de produção agrícola, é de fundamental importância para que a criança aprenda a pensar criticamente sobre os alimentos que consome.

Trabalhar com conceitos relacionados à tradição, aos rituais, aos costumes, à importância de se alimentar à mesa, junto com a família, e a que tipo de alimentos consumir são alguns dos temas que devem ser abordados pela educação, tanto formal (escola) quanto informal (família).

Dessa maneira, "transmitir" valores e rituais, por meio de situações de ensino e aprendizagem significativas, é indispensável para a perpetuação da cultura historicamente construída.

2.7. Conclusão

Neste capítulo, de caráter conceitual, descrevemos alguns conceitos da teoria histórico-cultural que fundamentam esta obra. Para tanto, ressaltamos a importância da categoria de mediação como fundamental para os processos de ensino-aprendizagem e constituição do ser humano.

A fim de mostrar como se dá a constituição do indivíduo, enfatizamos a importância da linguagem para a relação e interação social desses indivíduos, a formação de sua consciência, apropriação de valores, rituais, costumes, enfim, tudo o que foi produzido culturalmente.

Para que pudéssemos conceituar o que é cultura e como se deu seu surgimento, trabalhamos com alguns autores ligados à antropologia. Quisemos mostrar, no decorrer deste capítulo, que a história de um indivíduo está ligada à história de sua alimentação, de sua família e do grupo social ao qual faz parte, isto é, de uma cultura. Procuramos mostrar a importância da família como primeira instituição responsável pela aprendizagem das crianças, mostrando o quanto ela é importante na formação do paladar dessas crianças, ou seja, de sua memória gustativa e emocional.

Referências bibliográficas

BAKHTIN, M. *Estética da criação verbal*. São Paulo: Martins Fontes, 2003.

BAKHTIN, M. *Marxismo e Filosofia da Linguagem*. São Paulo: HUCITEC, 1995.

BRANDÃO, C. R. "Prefácio: Hoje, tantos anos depois...", in: SOUZA, A. I. (Org.). *Paulo Freire: Vida e Obra*. São Paulo: Expressão Popular, 2001.

FREIRE, P. *Pedagogia da Autonomia: saberes necessários à prática educativa*. 19ª ed. São Paulo: Paz e Terra, 2001.

FREIRE, P. *Pedagogia do Oprimido*. 49ª ed. São Paulo: Paz e Terra, 2006.

KRAPIVINE, V. *Que é o Materialismo Dialético?* Moscou: Edições Progresso, 1996.

LARROSA, J.; LARA, N. P. de. *Imagens do Outro*. Petrópolis: Vozes, 1998.

MALINOWSKI, B. *Una Teoría Científica De La Cultura Y Otros Ensayos*. Buenos Aires: Editorial Sudamericana, 1948.

MARX, K. *A Ideologia Alemã*. São Paulo: Zahar Editores, 1977.

MINTZ, S. W. "Comida e Antropologia: uma revisão", in: *Revista de Ciências Sociais*, n. 47, v. 16, p. 31-42, 2001.

VYGOTSKY, L. S.; LURIA, A. R.; LEONTIEV, A. N. *Linguagem, desenvolvimento e aprendizagem*. 7ª ed. São Paulo: Ícone Editora, 2001.

VYGOTSKY, L. S. *Obras Escogidas*. Madrid: Visor, Tomo III, 1995.

VYGOTSKY, L. S. *Obras Escogidas*. Madrid: Visor, Tomo II, 1993.

VYGOTSKY, L. S. *Obras Escogidas*. Madrid: Visor, Tomo I, 1991.

ZUIN, P. B. "Linguagem, Sujeito e Consciência – um enfoque materialista", in: MIOTELLO, V. *Veredas Bakhtinianas*. São Carlos: Pedro & João Editores, 2006.

ZUIN, P. B.; REYES, C. R. *Os Mediadores que Influenciam no Processo de Apropriação da Correta Notação Gráfica*. Dissertação de Mestrado, São Carlos, UFSCar, 2004.

ZUIN, L. F. S.; ZUIN, P. B. *Produção de alimentos tradicionais – Extensão rural*. Aparecida: Idéias & Letras, 2008.

Capítulo 3

A história, a cultura, a sociedade e os alimentos

Minha mãe sempre dizia que era pecado jogar fora o pão e, caso eu não aguentasse comê-lo, deveria dar um beijo nele antes de jogá-lo fora. Mas ela preferia que eu desse para os passarinhos que sempre estavam no quintal.

Poliana Bruno Zuin

3.1. Introdução

NESTE CAPÍTULO, procuramos mostrar que a história da alimentação encontra-se envolta em nosso cotidiano, isto é, nas relações sociais da vida diária, como nas trocas afetivas em torno da mesa, nas receitas passadas de geração em geração, nos modos de preparo de um prato, nos utensílios empregados para se fazer determinados alimentos, entre outros aspectos.

Procuramos salientar que as identidades culturais ligadas aos modelos alimentares estão atreladas a um saber-fazer, às tradições de um local que, inventadas ou não, vão mantendo-se e afirmando-se através de gerações.

Embora tenhamos diversos rituais e formulações nutricionais ligadas ao ato de se alimentar, como a massificação do *Fast Food,* não podemos afirmar que esse modelo é o único vigente nos grandes centros urbanos das diferentes culturas. Há muitos centros, principalmente nos países europeus e latinos, que ainda preservam as antigas formas de se alimentar. Na tentativa de não deixar morrer os costumes e os rituais ligados a ela, foi criado um movimento contrário ao modelo *Fast Food,* denominado *Slow Food.* Esta associação europeia busca resgatar as antigas tradições relativas à alimentação e à forma de se alimentar, no que tange também aos aspectos nutricionais do alimento.

Tal fato leva-nos a crer que a tradição é muito importante para a identidade e preservação de uma cultura e, consequentemente, de sua história. Portanto, é por meio da história alimentar da vida cotidiana que podemos falar sobre a cultura de uma região, de um povo.

3.2. O processo de humanização das culturas alimentares

A história da alimentação faz parte da cultura de todos. No Brasil, a feijoada está arraigada à história da escravidão, assim como na China estão as massas.

De acordo com alguns estudiosos,[1] a história da alimentação, a nós contada, nem sempre é a verdadeira, sendo, muitas vezes, assim como as tradições, inventada. Dados confirmam que grandes personagens da história propiciaram a adoção, por determinada cultura, de um tipo de alimento, de um modo de preparo, de um novo gosto, de paladares e consumos específicos.

A linha teórica que concebe a história como construída e constituída pelo homem fez com que também se questionassem todos os fenômenos a ela ligados e tidos como verdade absoluta. Para se analisar a história da alimentação, alguns pesquisadores[2] não mais se detêm às grandes façanhas históricas, como a de heróis, mas aos fatos da vida cotidiana, em que estão contidos os hábitos e costumes alimentares dos povos. É nessas estruturas que se torna possível verificar um sentido histórico e cultural muito preciso, uma vez que os fatos ligados à alimentação de um povo evoluem mais lentamente do que em outros campos.

Desta forma, é no cotidiano, na cozinha e em torno da mesa, que se torna possível construirmos uma história da alimentação.

---

[1] Flandrin e Montanari (1998).
[2] Flandrin e Montanari (1998).

3.3. A cozinha como lugar de se tecer a história

Somente nos dias atuais o cozinhar recebeu o status de arte, a nona arte. Esse tipo de arte há muito tempo deveria ser considerada como tal, mas não era, e, completa em todos os sentidos, sempre teve importância na vida do homem, acompanhando-o ao longo de sua evolução.[3] Por isso, seu papel fundamental é na construção da história de qualquer cultura.

De forma geral, o patrimônio cultural de um país não é formado somente por manifestações materiais, como, por exemplo, monumentos, documentos, lugares históricos e obras de arte. Ele é constituído em sua grande parte por manifestações *simbólicas* ou *sígnicas*, que vão da arte popular, como o artesanato, a culinária, até os costumes, rituais e tradições inerentes a um grupo ou cultura. Nesse sentido, o alimento constitui um objeto da construção e perpetuação da história, pois ele não é apenas um modo de nutrir o corpo, mas também compõe um ato social, relacionado a usos, costumes, condutas e situações de uma determinada cultura.

O saber-fazer do ato de preparar os alimentos é também considerado uma manifestação cultural muito relevante. Cozinhar constrói e documenta a história da alimentação por meio do registro de receitas e modos de preparo do alimento, uma vez que para sua construção se empregaram a princípio os rituais, valores e costumes, próprios de uma determinada cultura, seja ela familiar, local ou regional.

Nesse sentido, a fim de se verificar a história da alimentação em nosso cotidiano, o lugar mais propício é, sem dúvida, a cozinha,

---

[3] Zuin, L. F. S. e Zuin, P. B. (2008).

pois ela é antes de tudo um símbolo cultural, principalmente, para a família, porque é esse local que irá contribuir para a construção de costumes, de tradições, de rituais e de perpetuação da história de gerações.

Originalmente, a cozinha sacia nossa necessidade mais primitiva, que é a de nos alimentarmos nutricionalmente, sendo esse o primeiro elo aglutinador entre as pessoas. A cozinha – como lugar de nutrição – passou também a ser um local cultural, à medida que ferramentas e funções simbólicas[4] a invadiram.

Na cozinha, são passados às gerações futuras os modos de convívio e valores morais, ou seja, formas de se viver, conviver e sobreviver. Um exemplo disso são os saberes-fazeres ligados ao pão. Em algumas culturas, o pão está ligado a algo tido como sagrado; por essa razão, as pessoas que o fazem devem partilhá-lo com outros convivas, como um ato de afeto e comunhão. Em algumas famílias, como a nossa, não é bem-visto jogar o pão fora.

O que está por trás desse ritual e costume está ligado também à religião, pois o alimento, na figura representativa do pão, é algo sagrado; e, pelo fato de haver várias famílias passando fome no mundo, jogar fora qualquer alimento é um desperdício e um desrespeito para com o outro. Dessa forma, a cozinha ultrapassa o sentido de local de nutrição, uma vez que está embutida de valores ideológicos.

---

[4] O termo "funções simbólicas" aqui é empregado como um determinado signo que representa algo para uma cultura específica; para exemplificar, temos a bandeira do Brasil, que é um signo, mas para a cultura do país é o símbolo que o representa. No Rio de Janeiro, o signo que teria a função simbólica para a cidade e para qualquer indivíduo seria o Cristo Redentor. Na cozinha brasileira, uma ferramenta que teria a função simbólica de representá-la seria o tacho.

3.4. Transformações históricas do consumo dos alimentos

A alimentação, outrora, sempre fora preparada por mulheres. Em suas cozinhas, elas eram encarregadas de alimentar todos os familiares e, por vezes, na condição de empregadas domésticas ou cozinheiras, de fazer deliciosos pratos, que nem sempre eram reconhecidos com o valor real de seus modos de preparo. Os alimentos consumidos eram sempre frescos, com um valor nutricional rico em vitaminas, proteínas e carboidratos. Por meio dessa alimentação variada em nutrientes e propícia para as atividades físicas da época, algumas "epidemias modernas", como a da obesidade (infantil e adulta), eram menos impactantes que na atualidade.

Contudo, com a modernidade, mudanças sociais e econômicas modificaram as antigas formas de produção e consumo dos alimentos. Nas últimas décadas nota-se que a alimentação tem deixado o lar. Estudos indicam que esse processo está atrelado à profissionalização das mulheres e, consequentemente, à elevação do nível educacional e de vida de boa parte da população. A vida moderna propiciou ao homem facilidades não encontradas em nenhum outro período da história, como acessos quase que irrestritos a alimentos de alto valor energético, porém pobres, do ponto de vista nutricional.

O fato de as mulheres já não estarem na cozinha fez com que a indústria alimentícia buscasse formas de ganhar essa nova oportunidade de mercado consumidor. Esse novo ambiente preconizou o comportamento de se comer de forma rápida e prática, nascendo na América do Norte o denominado *Fast Food*, que nada mais é do que a aplicação do *taylorismo*, ou seja, a divisão racional do trabalho, às cozinhas. Sendo o lema poupar tempo, tanto para preparar o alimento quanto para consumi-lo, esse comportamento tornou-se comum, sobretudo nas grandes cidades. Essas mudanças refletiram-se inclusive na arquitetura das cozinhas, que na década de 1980 passaram a ser chamadas de cozinha americana, que era constituída de bancada e micro-ondas, sendo apenas um espaço para descongelar alimentos prontos.

A produção desses alimentos passou a ser, a partir daí, em linha de produção, não exigindo muita qualificação dos funcionários, pois os maquinários foram projetados para que qualquer pessoa pudesse manuseá-los. As mudanças ocorridas nos modos de produção do alimento tiveram como objetivo servir uma refeição em alguns poucos segundos. Essas mudanças permitiram ainda que fosse possível comer ao mesmo tempo em que se trabalha. É raro, em grandes centros urbanos, como São Paulo, Nova York, que pais e mães almocem junto a seus filhos, pois as horas no trânsito e de trabalho diário não permitem que se prepare a refeição e que ainda se volte ao trabalho num período de uma ou duas horas, que são normalmente os horários de almoço. A fim de tornar a vida mais prática, essas famílias têm recorrido ao *Fast Food* para se alimentarem em seus horários de almoço e de jantar com seus filhos. Entretanto, o jantar poderia ser o momento de encontro de toda a família, desde o preparo da refeição até o momento de se estar à mesa, alimentando-se.

Consumir alimentos frescos, preparados em casa, torna-se cada vez mais necessário, pois a falta de vitaminas e valores nutricionais tem afetado diretamente a saúde dos indivíduos que se alimentam do *fast food*.

Contrário a esse movimento globalizado da indústria cultural, em alguns lugares da Europa, principalmente, nos países latinos, o momento da refeição ainda se encontra como algo sagrado e delimitado, isto é, um momento protegido e contra as interrupções. Para um europeu italiano, por exemplo, é impensável alimentar-se de pé na rua, num elevador, dirigindo um carro ou mesmo em frente ao computador trabalhando. Para eles, é essencial fazer as refeições em família, dando grande importância aos valores nutricionais de uma refeição. Muitos deles, após as refeições, como ocorrem em algumas cidades, dão-se o direito a uma *sesta,* respeitando a fisiologia de seu próprio organismo.

Atualmente, na Europa, há um movimento contrário à globalização do *fast food.* Buscando resgatar e manter os antigos costumes alimentares, *o slow food* objetiva mostrar às novas gerações o quanto é importante consumir alimentos frescos, não industrializados, e o quanto é importante preservar as receitas das antigas gerações para se preservar a história e a cultura familiar.

No Brasil, culturalmente, o trabalho manual sempre fora, e ainda é, visto como algo pertencente às camadas menos favorecidas economicamente. Assim, o trabalho que envolve o ato de preparar o alimento ainda é visto como "algo menor", devendo ser repudiado pelas gerações das três últimas décadas. Recentemente, em um concurso para a escolha do melhor petisco consumido nos bares da cidade de São Paulo, foi possível verificar essa passagem. Um dos jurados falou a seguinte frase para justificar seu voto: "O bolinho de bacalhau do Bar do Zé é o melhor petisco que eu comi, lembra muito o bolinho que minha avó fazia na minha infância". Esta explicação leva-nos a concluir que há pelo menos uma geração, a da mãe desse jurado, que já não cozinha, pois havia muito tempo que ele não consumia esse tipo de alimento. Certamente esse jurado irá voltar mais vezes a esse bar para comer o "bolinho de bacalhau de sua avó", alimento esse que o fez lembrar de uma infância cada vez mais distante, que ativou naquele momento, em que estava sendo jurado, sua memória gustativa.

Alimentos produzidos pela indústria alimentícia empregam, cada vez mais, esse tipo de apelo comercial – a emoção – na promoção de seus produtos. Esse tipo de indústria busca uma "diferenciação" em um mercado com produtos cada vez mais "pasteurizados", isto é, indissociáveis em sabor, textura e outros atributos. Eles apelam para a afetividade ligada à história familiar como elemento comercial em seu material de propaganda e embalagens.

3.5. *Pasteurização* alimentar

A literatura de ficção científica universal do início do século XX descreve que atualmente a humanidade estaria alimentando-se de "pílulas nutricionais". Parte de sua alimentação viria dessas pílulas, que hoje podem receber a denominação de complementos alimentares. Para os novelistas de ficção científica, a dona-de-casa dos anos 2000 compraria produtos em sua maioria de origem vegetal processados, imitando a carne animal, considerada caríssima para o novo século.

Estavam esses novelistas errados em suas previsões? Atualmente, em qualquer supermercado encontra-se "carne de soja" nos mais variados tipos e sabores. A alta variedade ofertada ao consumidor final desse tipo de produto (carne de soja, salgadinhos, "leite", entre outros produtos) não possui origem no alto preço da carne de origem animal, mas numa campanha intensa das indústrias de moagem de soja (óleo) relatando as benesses para a saúde que esses produtos proporcionam. Na verdade, essa variedade de produtos possui origem em margens de lucros cada vez maiores conseguidas por essas empresas. Antigamente, o farelo de soja era predominantemente empregado na composição da ração de animais. Hoje, em busca de maiores lucros, esse tipo de indústria destina parte significativa desse subproduto da extração de óleo para ser processada pela indústria de alimentos humanos. Como visto, parte das premonições dos novelistas, em muito, foram confirmadas.

Nos países europeus, de origem católica (Itália, Espanha, França e Portugal), começou-se recentemente a associação da identidade cultural com o tipo de alimento tradicionalmente produzido. As pessoas desses países temem que a relação privilegiada mantida com a alimentação tradicional, como fonte de prazer, sociabilidade e troca de experiências por meio da comunicação, acabe lentamente, sendo transformada devido à introdução de alimentos industrializados. Elas temem que esse novo alimento e o ritual de consumi-lo levem seu modo de vida a um processo de americanização ou "macdonaldização".[5]

A industrialização da alimentação e o surgimento da distribuição em massa constituem um fenômeno recente no mundo ocidental; é no período do pós-guerra, com o advento da revolução verde, ocorrida no período pós-Segunda Guerra Mundial, que boa parte da humanidade passou a não sentir mais fome. Nessa época começou o deslocamento do trabalho culinário de preparar o alimento das cozinhas domésticas para a cozinha das fábricas.

Em qualquer linha de produção de uma empresa, seja ela de qualquer seguimento (alimentos, automóveis, roupas, entre outros), um dos objetivos que se busca, durante o controle de qualidade, é a padronização dos processos (como é feito o produto) e dos produtos (devem ser os mais semelhantes possíveis). Essa construção deve apenas evitar, internamente ao ambiente da fábrica, o refugo e o re-

---

[5] Fischler (1998).

trabalho dos produtos não padronizados, diminuindo as perdas e aumentando o lucro. A palavra padronizar possui um peso muito forte para as ciências gerenciais; é por meio dela que ocorre a massificação de seus produtos e serviços, bem como o aumento dos lucros. O alimento tornou-se, além de industrializado, racional e funcional. Seu sabor tornou-se padronizado, isto é, "pasteurizado". Esse termo possui sua origem na França, onde os queijeiros, em seus processos, foram obrigados a adotar a pasteurização, modificando o sabor desse alimento. Após esse fato muitos consumidores relataram que esse alimento tornou-se quase insípido. Essa nova realidade provocou protestos por parte dos agricultores, ocorrendo um retrocesso da legislação sanitária da Comunidade Econômica Europeia.

O objetivo contemporâneo das indústrias alimentícias passa por agregar valor a um produto que possui como características econômicas baixas margens de lucros, por meio da adoção de novas tecnologias que necessariamente refletem padrões de qualidade. Mas quais padrões seriam esses? Quem estaria interessado em impor esses padrões?

Vários estudos indicam que, na cadeia produtiva dos alimentos, o agente coordenador (aquele que dita regras e preços) seria as grandes redes de supermercados,[6] o varejo. Recentemente, em um congresso de vitivinicultura, um dos palestrantes – um senhor responsável pela compra de vinhos de uma grande rede de supermercados –, em seu discurso, relatou a importância de os produtores de vinhos do Estado de São Paulo adotarem os padrões de qualidade dos vinhos europeus e deixarem de lado a tradição de como seus vinhos eram feitos, isto é, modificarem o processo produtivo adquirido por meio de um saber que remonta a gerações em favorecimento de um paladar de uma

---

[6] Ziggers e Trieneken (1999).

pessoa, que representa uma empresa. Pensando na importância de se produzir alimentos tradicionais, os produtores de vinho dessa região devem buscar outros canais de distribuição. Canais esses que valorizem os saberes-fazeres que estão por trás de uma taça de vinho.

Há pouco tempo estivemos no Vale dos Vinhedos, no Rio Grande do Sul, onde tivemos a oportunidade de experimentar diferentes tipos de vinhos; entretanto, nunca esqueceremos o vinho provado numa casa de família, feito por uma moça do modo mais tradicional possível, começando pelo processo de esmagar as uvas com os pés, entre outras atividades. O fato de sabermos a história do vinho, ligado à história da moça, tornou o vinho muito especial e saboroso.

3.6. Resgate histórico e cultural dos alimentos tradicionais

Na Europa um alimento só é considerado tradicional se ele se remeter às receitas do ambiente rural, desde seu cultivo até o modo de preparo.

Recentemente, há uma valorização da cultura que envolve a produção, o preparo e consumo dos alimentos tidos como tradicionais. Diferentemente dos alimentos industrializados, esses produtos contêm em sua evolução a história das localidades a que são referenciáveis, além de conter procedimentos e práticas específicas utilizadas em seus processos produtivos.[7]

---

[7] Zuin, L. F. S. e Zuin, P. B. (2008).

Por meio de um resgate de rituais ligados ao processo e consumo desse tipo de produto, a dimensão histórica desses alimentos ganha destaque. Os produtos tradicionais também são denominados *produtos com história,* pois se constituem e fazem parte da história social de uma determinada cultura. O conceito de *produtos com história* é definido pela Comissão Europeia como os "produtos agroalimentares que gozam de reconhecimento de especial qualidade",[8] respondendo também pelos seguintes designativos: *local, tradicional, artesanal, regional, entre outros.*

Cultivar e consumir esse tipo de alimento é contribuir para o conhecimento e a perpetuação de uma cultura local, por meio do reconhecimento da arte na família transmitido de geração em geração. A fim de se resgatar esses alimentos na Europa, surgiu o movimento *Slow Food*.

3.7. Movimento *Slow Food*

Comer devagar, preservar a qualidade original dos alimentos, entre outras diretrizes, fazem parte do movimento conhecido como *slow food*,[9] fundado na Itália, durante a década de 1980. A necessidade era tão intensa de um movimento que se preservasse os alimentos e seus ritos que, em pouco tempo, se tornou uma organização internacional, presente em todos os continentes.

A filosofia do movimento é baseada em preservar os rituais que envolvem o alimento desde o plantio e/ou criação dos animais, passan-

---

[8] Nota de Redacción, Agricultura y Sociedad, 1996.
[9] Weiner (2007).

do por seu processamento e chegando até o mercado consumidor. O movimento trata os consumidores finais como coprodutores, fazendo com que estes cada vez mais se tornem conscientes dos alimentos que compram, bem como a cadeia produtiva que é por eles patrocinada, por meio da distribuição de sua renda. No geral, suas atividades estão ligadas à elaboração de eventos nos quais a defesa de alguns objetivos – como a de difundir a educação do *paladar*, promover a biodiversidade na cadeia produtiva alimentar e aproximar os produtores dos consumidores finais de alimentos tradicionais – estão presentes.

Um dos programas dessa instituição é chamado de "A Arca do Sabor", que possui como meta redescobrir, catalogar e armazenar sabores esquecidos, documentando os produtos gastronômicos que correm o risco de desaparecer. Desde o início desse programa, na década de 1990, mais de 750 alimentos tradicionais originados em dezenas de países foram integrados a esse programa como, por exemplo, o *Sciacchetra*, um tipo de vinho branco produzido desde os tempos medievais na beira do mar Mediterrâneo, na região de Cinque Terre (litoral da Ligúria).

3.8. Alimentação e turismo

Em nosso país, são poucas as regiões que ainda conservam as tradições e cultivam a produção de alimentos tradicionais. Geralmente, são regiões menos valorizadas economicamente ou que descobriram no turismo rural uma forma de gerar renda e que estão localizadas no interior de alguns estados. Um exemplo desses lugares pode ser encontrado em localidades da região sul do país; nesses lugares um grande número de famílias ainda preserva os tradicionais costumes culinários, transmitindo, de uma geração à outra, receitas que contêm os segredos e ingredientes da comida caseira, tal como a família Lazzari, *da Osteria della Colombina,* cuja mãe de quatro moças fez questão de passar as receitas da "nonna", a fim de que a história da família fosse mantida. Um dos grandes atrativos desse tipo de gastronomia deve-se à simplicidade com que os pratos são confeccionados.

Atualmente se fazem prioritários a valorização e o resgate desse tipo de comida (arte, com seus sabores deliciosos), ainda mais em tempos em que a comida rápida invadiu os restaurantes e entrou em nossas casas. Portanto, a arte de cozinhar é também um fato muito importante na escolha de um destino turístico, sendo, por vezes, a principal motivação do turista. Dessa forma, a gastronomia é um dos grandes atrativos turísticos, graças à qualidade e aos sabores típicos de alguns lugares.

Devido à alimentação estar associada à cultura local de uma região, o turista busca no alimento essa cultura, a tradição, os rituais e as memórias da região ou do local visitado.

A gastronomia tradicional necessita do consumo de matérias-primas locais, as receitas são confeccionadas com produtos agrícolas corriqueiros do dia-a-dia da comunidade. Esse tipo de gastronomia contribui para o desenvolvimento do turismo rural, gerando e transferindo renda para as propriedades rurais. A produção agroindustrial local e realizada no ambiente das propriedades cria postos de trabalho (não apenas para as pessoas da família do agricultor, mas também para toda a comunidade), permitindo a fixação da população no mundo rural.

A cada dia as pessoas moradoras dos centros urbanos buscam no meio rural um estilo de vida há muito tempo perdido. Essa busca faz com que o turismo rural cresça continuamente no Brasil, onde a oferta de lugares para se conhecer e vivenciar esse ambiente tende a ser infinita. Seu principal atrativo é disponibilizar aos turistas a cultura tradicional da família e da região. No lugar mais alto do Estado do Rio Grande do Sul, a *Fazenda Monte Negro*, localizada no município de São José dos Ausentes, oferta para seus hóspedes provavelmente a melhor comida campestre daquele Estado. A qualidade de seus pratos deve-se em muito por manter a tradição da família, passada de geração em geração, como no caso da *sopa de agnoline*, de origem italiana, e dos assados.

O resgate ou a redescoberta das tradições gastronômicas de nosso país, de nossa região, de nossa família, é com certeza o espaço do encontro e da partilha dos saberes transmitidos entre gerações; conservá-los é uma forma de valorizar a cultura de um povo e de todos os seus antepassados.

3.9. Conclusão

A história, quando presente em cada prato que é feito e refeito, não se refere a algo que se passou, mas a algo que está sendo construído e em permanente mudança. Preservar esses pratos intimamente ligados à formação e constituição do *homem* deve ser premissa de qualquer família e ser estimulado pelos órgãos governamentais de ensino. Falar de comidas e receitas é falar do cheiro e gosto do presente, e não apenas do passado.

Referências bibliográficas

BAKHTIN, M. *Estética da criação verbal*. São Paulo: Martins Fontes, 2003.

BAKHTIN, M. *Marxismo e Filosofia da Linguagem*. São Paulo: HUCITEC, 1995.

FISCHLER, C. "A 'macdonaldização' dos costumes", in: FLANDRIN, J. L.; MONTANARI, M. (Org.). *História da Alimentação*. São Paulo: Estação Liberdade, 1998.

FLANDRIN, J. L.; MONTANARI, M. (Org.). *História da Alimentação*. São Paulo: Estação Liberdade, 1998.

Redacción, Agricultura y Sociedad, 1996.

ZIGGERS, G. W.; TRIENEKENS, J. "Quality Assurance in Food and Agribusiness Supply Chains: developing successful partnerships", in: *International Journal of Production Economics*, v. 60-61, n. 3, p. 271-279, 1999.

ZUIN, L. F. S.; ZUIN, P. B. *Produção de alimentos tradicionais: extensão rural*. Aparecida: Idéias & Letras, 2008.

WEINER, S. *Manual Show Food*. Disponível em: www.slowfood.com. Acessado em: 10/03/2007.

Capítulo 4

A importância da tradição e dos rituais na alimentação

> Em minha família,
> cada um ocupava um lugar em torno da mesa.
> Meu avô, o patriarca, sempre se sentava à cabeceira da mesa.
> Quando ele nos deixou,
> meu pai passou a ocupar seu lugar e,
> hoje, quando meu pai não está em casa,
> é meu irmão quem faz as refeições no mesmo lugar.
>
> *Poliana Bruno Zuin*

4.1. Introdução

Neste capítulo, evidenciamos o surgimento das tradições e dos rituais para a preservação de uma determinada cultura. Ressaltamos o papel da família, assim como de outras instituições, como responsáveis pela transmissão dos conhecimentos historicamente produzidos, de maneira que também a tradição é transmitida de geração em geração.

Mas como uma tradição é mantida? A tradição é constituída por rituais, símbolos e valores que permitem que ela sobreviva aos tempos. Contudo, quando as mudanças nas formas e práticas sociais são latentes, essas precisam ser readaptadas, a fim de sobreviver.

Entretanto, outros estudiosos[1] afirmam que, por motivos ideológicos, políticos e econômicos, muitas vezes, uma tradição pode ser inventada para que se estabeleçam determinados comportamentos, como, por exemplo, os ligados às festas com motivos nacionais (dia da independência de uma nação). De acordo com esses estudiosos, das tradições inventadas, é muito difícil afirmar com precisão em que momento ela é concebida, já que seus criadores se apoiam numa história passada e apropriada como elemento de coesão social. Assim, quando falamos em tradição, sempre a relacionamos a uma história passada.

As tradições e os rituais existem em diferentes campos dos saberes; por isso, seu estudo deve necessariamente contemplar o contexto ao qual eles estão inseridos; neste caso nos referenciamos às tradições

---

[1] Hobsbawn e Ranger (2006).

relacionadas à receita, ao preparo e ato de se alimentar, tal como veremos no decorrer deste capítulo. Apesar de as tradições estarem relacionadas aos diferentes campos, ela é um assunto de interesse comum a vários estudiosos. Vejamos:

> O estudo da invenção das tradições é interdisciplinar. É um campo comum a historiadores, antropólogos sociais e vários outros estudiosos das ciências humana, e que não pode ser adequadamente estudado sem tal colaboração (Hobsbawn e Ranger, 2006, p. 23).

O estudo desse tema é, portanto, multidisciplinar, como poderá ser observado no decorrer deste capítulo.

4.2. Surgimento das tradições

Juntamente com o surgimento da cultura nasceram as tradições, a fim de que ajudassem o homem a transmitir os saberes construídos historicamente. Tais tradições buscavam ainda preservar a história particular de uma família, de uma geração, de uma região e de um país. Dessa forma, o homem também inventou as tradições, utilizando a história como amálgama para a interação e coesão social entre eles.

O conceito de tradição está intimamente ligado à história de uma cultura. A tradição se manifesta por meio de valores, crenças e rituais transmitidos e conservados de geração em geração por meio de relações de ensino-aprendizagem.

Sendo uma forma de perpetuar conceitos e experiências, a tradição deve ser analisada em seu contexto próprio local, pois as tradições são elementos constitutivos da cultura e das relações de aprendizado social em diferentes contextos, tal como o âmbito familiar, alimentar, acadêmico, entre outros.[2]

As tradições são assim transmitidas por meio da linguagem (seja ela oral, gestual ou escrita), uma vez que esta é essencial para a apreensão de qualquer construto cultural, pois é a mediação do homem com a cultura. Somente por meio dela os homens podem comunicar-se e viver em comunhão uns com os outros. Mediante isso, notamos que as tradições se utilizam de diversos instrumentos (história, linguagem, rituais, costumes, símbolos, entre outros) a fim de que possam realizar-se e manter-se.

As tradições são ainda invenções dos homens e foram, com o passar do tempo, institucionalizadas,[3] podendo ser classificadas, de forma genérica, em dois tipos: a *tradição genuína* e a *tradição inventada*.

Por *tradição genuína* entende-se aquela em que os velhos usos ainda se conservam, em que ainda se cultivam os antigos costumes por meio de rituais, ou seja, a tradição genuína só existe em lugares, países e sociedades onde o passado é ainda um modelo para as formas de comportamento humano.

Por outro lado, o conceito de *tradição inventada* é entendido como algo criado recentemente, como um conjunto de práticas reguladas por regras que se configuram por formas simbólicas ou pelo uso de rituais, objetivando adicionar valores e normas de comportamento por meio da repetição, favorecendo a perpetuação do passado a um futuro. A *tradição inventada* foi elaborada a partir das transformações da vida em sociedade, uma vez que as velhas tradições, também criadas, já não satisfaziam as necessidades dos homens.

---

[2] Zuin, L. F. e Zuin, P. B. (2008).
[3] Hobsbawn e Ranger (2006).

Assim, a invenção das tradições tornou-se e ainda se torna mais premente em sociedades onde a transformação destrói os antigos padrões sociais que foram estabelecidos pelas velhas tradições, as genuínas. A incompatibilidade dos novos padrões sociais em relação às velhas tradições fez e continua fazendo com que novas tradições sejam inventadas. A adaptação das velhas tradições só ocorre quando é preciso conservar velhos costumes em novas condições sociais e culturais. A igreja, os tribunais, as universidades, entre outros, foram algumas das instituições que tiveram que se adaptar às mudanças sociais e culturais.

As novas tradições contêm em seu bojo elementos antigos, estando alicerçadas em um passado histórico apropriado, pois somente assim uma *tradição que foi inventada* pode ser estabelecida; portanto, esse passado não necessariamente precisa ser remoto, mas basta que seja coerente.

As *tradições inventadas*[4] são ainda construídas a partir de antigos rituais, simbolismos e princípios morais. A finalidade da tradição, mesmo a da *tradição inventada,* é a invariabilidade, pois o passado real ou forjado, a que elas se referem, impõe práticas fixas por meio da repetição; por isso, há a necessidade de se criar e se dispor da ritualização.

Diante do exposto e partindo de um referencial teórico em que o homem está no mundo e, com o mundo, portanto, ao mesmo tempo em que ele é fruto da história, ele a cria, acreditamos que todas as tradições foram inventadas, isto é, criadas em algum momento e readaptadas de acordo com as novas necessidades que foram surgindo. Portanto, para nós fica difícil classificar se a tradição ou as tradições alimentares e os aspectos culturais que a envolvem foram inventados ou são genuínos.

---

[4] Hobsbawn e Ranger (2006).

O que podemos afirmar é que esta obra não busca *inventar* uma tradição relativa à alimentação, mas sim resgatar aquela tradição construída e transmitida há diversas gerações, aquela responsável pela comunhão entre os homens, pelo respeito ao outro como ser humano, responsável pela transmissão de valores morais que estão sendo ou que já foram perdidos em diversas instâncias da vida cultural e social. Resgatar aquela tradição, cheia de ritos, ao redor da mesa, tal como acentua Boff:[5]

> A mesa, ao redor da qual se realiza a comensalidade, é uma das referências mais fundamentais da familiaridade humana. À mesa se fazem e se refazem continuamente as relações familiares. A mesa, antes que um móvel, remete a uma experiência existencial e a um rito. Ela representa lugar privilegiado da família, da comunhão e da irmandade. Partilha-se o alimento e, junto com ele, comunica-se a alegria de encontrar-se, o bem-estar sem disfarces, a comunhão direta que se traduz pela não cerimônia dos comentários dos fatos cotidianos, das opiniões sem censura dos acontecimentos da história local, nacional e internacional. À mesa, além dos familiares, podem estar os amigos e os hóspedes. É à mesa que todos nós nos sentimos, de certa forma, membros da família humana (Boff, 2006, p. 9-10).

As transformações sociais ocorridas no final do século XX provocaram mudanças profundas nos relacionamentos pessoais. O surgimento do *fast food* e a desvalorização do ato de cozinhar (sendo considerada uma atividade menor) podem ser exemplos de tais transformações. As mudanças econômicas e sociais, como a saída de casa da

---

[5] Boff (2006).

mulher para o mercado de trabalho, contribuíram para que mudanças essenciais em termos de alimentação e de como se alimentar se firmassem, acabando com (ou adormecendo) as antigas tradições pertencentes a esse âmbito. Como vimos é raro haver uma mulher na faixa etária de 15 a 30 anos, nos grandes centros urbanos, que saiba e tenha prazer em cozinhar. Diante disso, é essencial que se resgate todo o aspecto histórico-cultural presente na ação de se alimentar.

Como visto no capítulo anterior, o movimento *slow food* objetiva resgatar antigos hábitos relacionados à manufatura e ao consumo dos alimentos tradicionais (e regionais), bem como comportamentos e rituais que se estabeleçam, a fim de se preservar a história de toda uma cultura e região. Esse resgate é mais perceptível nos países e nas cidades onde ainda são enaltecidas, como ideais, as antigas formas de comportamentos, como na Itália. No Brasil, o resgate às tradições ainda caminha a passos curtos; contudo, há várias regiões que ainda preservam os antigos costumes e os rituais das tradições passadas de geração em geração, como algumas cidades do interior de Minas Gerais, Rio Grande do Sul, Bahia, Amazonas, Goiás, entre outras.

Outro fato interessante é que os países, as cidades, regiões ou famílias que valorizam as antigas tradições alimentares são aquelas que são eminentemente religiosas, cujos princípios morais e éticos fazem parte de seu contexto social, pois a alimentação e o alimento em si não são vistos apenas como algo material, mas símbolos do encontro, da partilha e da comunhão.[6]

---

[6] Boff (2006).

Diante do exposto, as tradições são transmitidas de geração em geração, com a finalidade de preservar a história de uma cultura, de uma sociedade e de uma família. Para tanto, ela se detém de rituais, a fim de sobreviver.

4.3. Contexto e significado dos rituais

Os rituais estão relacionados a diferentes tipos de eventos,[7] formalizados e estereotipados, o que facilita sua identificação e análise. O ritual é realizado para reafirmar e renovar os valores culturais de uma determinada cultura e sociedade. Os rituais são atos sociais pelos quais os grupos sociais se reafirmam periodicamente.

Dessa maneira, os rituais podem ser considerados como símbolos de identidade cultural de uma determinada cultura, proporcionando-nos reconhecer e perpetuar o passado. A antropologia é uma das áreas do conhecimento científico que estuda e conceitua o que vêm a ser os rituais, pois ela estuda o homem e a cultura numa relação de interdependência. Na antropologia, a análise de um ritual se faz por meio da etnografia, procedimento metodológico a fim de perceber características típicas de cada cultura.

Conforme a antropologia contemporânea, os rituais não são executados apenas dentro do domínio político-religioso, mas também no dia-a-dia das pessoas. Apesar de suas diferentes definições, os rituais possuem características comuns, como estrutura definida, repetição e disseminação de valores culturais vigentes. Para essa ciência, os rituais ainda não são apenas símbolos, mas também fatos psicossociais. Por

---

[7] Peirano (2001).

tal razão, são diversos os mediadores que estão por trás da tradição e dos rituais, o que nos permite verificar e identificar que toda criação humana é embutida de aspectos histórico-culturais, reforçando que a alimentação, como um ato estritamente cultural, tradicional e ritualizado, é permeada de aspectos simbólicos, sígnicos e, portanto, psicossociais.

Como vimos, as tradições se perpetuam e se consolidam por meio do processo de ritualização. Na alimentação, temos marcas desses rituais desde o início da história da humanidade, uma vez que ela foi uma das necessidades básicas do homem. Diante desse fato, quando pensamos na alimentação como elemento cultural, verificamos que ela é um dos principais instrumentos de estabelecimento de rituais e que ainda mantém a tradição; e quando não, é um dos campos em que é possível seu resgate, já que a alimentação é uma das necessidades básicas do homem.

O quadro "Santa Ceia", de Leonardo da Vinci, retrata a cultura e os rituais da época de Jesus Cristo, mas essa pintura é apenas um dos muitos exemplos de como a humanidade criou seus ritos nos diferentes contextos histórico-culturais ao longo dos tempos. Os ritos estão relacionados não somente ao tipo de alimento e bebida consumidos, mas também aos diferentes modos de seu preparo, de sua colheita e de seu cultivo.

Em nossas refeições diárias (café da manhã, almoço e jantar), estamos envoltos por rituais que se iniciam na preparação e escolha do tipo de alimento a ser consumido, bem como dos utensílios a serem postos na mesa ou que foram empregados durante seu preparo. Esses rituais variam de cultura a cultura; todavia eles não deixam de ser universais, já que em todas elas os rituais fazem parte do ato de se alimentar.

4.4. Tradição e rituais na alimentação

A história da alimentação é permeada de rituais ligados à tradição que foram passados de geração em geração. Os rituais, tal como já evidenciamos, fazem parte de como os alimentos foram cultivados, preparados e ingeridos, e o ato de se alimentar é carregado de significados estabelecidos socialmente.

Como dissemos anteriormente, nós nos alimentamos não apenas de nutrientes, mas também de toda a história que constitui esse alimento, pois as práticas alimentares são ritualizadas, embora muitas pessoas não possuam consciência disso. A alimentação é mais que uma necessidade biológica e nutricional,[8] ela é um complexo sistema que se materializa em hábitos, ritos e costumes. As regulamentações dos costumes alimentares, por exemplo, estão presentes na distinção social por meio do paladar, na construção dos papéis sexuais e das identidades étnicas, nacionais e regionais, assim como nas prescrições religiosas.

Para exemplificarmos os rituais na alimentação, podemos entrar no campo da religião, em que observamos várias regras, tal como os jejuns que ocorrem em determinados rituais religiosos. A esse respeito é salientado que:

> As regras alimentares servem como rituais instauradores de disciplinas, de técnicas de autocontrole que vigiam a mais insidiosa, diuturna e permanente tentação. Domá-la é domar a si mesmo, daí a importância da técnica religiosa dos jejuns, cujo resultado também permite a obtenção de estados de consciência alterada propícios ao êxtase (Carneiro, 1993, p. 119).

---

[8] Carneiro (2003).

Mas não é apenas nas diversas religiões que a alimentação exerce um papel relevante. Em outras instâncias, tal como a família, ela é de fundamental importância, uma vez que o alimento também influencia comportamentos, modos de agir, sentir e pensar. Estudos realizados pelo *National Center on Addicition and Substance Abuse*, da Universidade de Columbia, demonstram que as crianças e os adolescentes que compartilham de refeições junto aos pais têm menos problemas com relação ao consumo de cigarro, bebidas e drogas. Os dados desses estudos anunciam ainda que essas crianças e adolescentes são menos suscetíveis à depressão e ao desenvolvimento de transtornos alimentares, indo melhor na escola e iniciando sua vida sexual mais tardiamente.

Alguns psicólogos dizem que esses fatos se devem justamente ao diálogo presente nas refeições. É nessa hora que os pais ensinam a seus filhos valores e atitudes, transmitem a eles afeto, e é nessa hora que eles aprendem a comer, isto é, *como*, o *que* e *onde* comer.

O diálogo,[9] isto é, a comunicação, possui um papel central na formação da identidade, pois é por meio dessa ação[10] que interagimos com o outro e nos apropriamos da cultura historicamente construída. O diálogo[11] proporciona a apreensão da realidade concreta, de sua problematização e conscientização. O diálogo ainda nos ajuda a melhor compreendê-la, explicá-la e transformá-la. Portanto, os homens se constituem e são constituídos no processo de interação, de forma que o mundo humano é um mundo de comunicação, sendo a mesa o lugar dessa interação e comunicação, isto é:

---

[9] Freire (2006) e Bakhtin (2003).
[10] Vygotsky (1993).
[11] Freire (2006).

> A mesa, ao redor da qual se realiza a comensalidade, é uma das referências mais fundamentais da familiaridade humana. À mesa se fazem e se refazem continuamente as relações familiares (Boff, 2006, p. 9).

> (...) a mesa continua sendo entre nós e em todo o mundo um elemento cordial de entendimento, de solidariedade, de integração, de amizade, de alegria e de valorização da vida (Arroyo, 1977, p. 95).

Em nossa família, a mesa sempre foi um ponto de encontro e de partilha. Aos domingos nos reunimos na casa dos pais de Fernando. A família é pequena, três filhos casados e duas crianças. Lá os rituais se iniciam logo pela manhã. Todos ficam em torno da mesa conversando, enquanto minha sogra prepara o almoço, com a ajuda dos filhos e noras. Ficamos lá, falando sobre a semana, sobre os estudos, sobre noticiários, política etc. enquanto folheamos os jornais e as revistas e bebemos um bom vinho tinto. Nessas horas trocamos carinho e boas risadas. E esse ritual segue até depois do almoço, quando terminamos de lavar a louça.

Na casa de meus pais os rituais de outrora já não existem mais. De família numerosa, de descendentes de italianos, costumávamos reunir-nos periodicamente, sendo o clã meus avós, pais de meu pai, seus irmãos, isto é, meus tios, e muitos primos e bisnetos, o que ao todo eram 14 tios, 25 primos e primas, e, atualmente, 12 bisnetos. Nós nos reuníamos em quase todas as datas festivas, *natal, aniversários, sextas-feiras santas e ano novo*. Com a perda de meu avô e com a enfermidade de minha avó, aqueles rituais pouco a pouco foram perdidos, hoje já não conseguimos reunir todos ao redor da mesa. O mesmo ocorreu com a família de minha mãe, que costumava reunir todos os filhos e netos na casa da matriarca; lá nos reuníamos enquanto comíamos um belo churrasco ao som de muita música. Ainda que os rituais não sejam os mesmos, meus pais, assim como meus tios, readaptaram os velhos costumes, que vão passando às novas gerações.

Em nossa casa, eu e meu esposo cultivamos alguns rituais e receitas transmitidas através das gerações, como a receita de berinjela preparada por minha bisavó na Itália; ainda que hoje seja uma adaptação de sua receita, o utensílio empregado durante seu preparo continua sendo o mesmo: uma pequena assadeira de alumínio de formato abaulado, que foi cedida por minha mãe, um pouco amassada e riscada; ela é linda, pois demonstra nessas imperfeições toda a sua história.

Em casa valorizamos pequenos detalhes, como a mesa posta, a forma e o preparo desses alimentos (não abrimos mão de produtos frescos, sem conservantes e pouco industrializados), dando preferência aos alimentos tradicionais, como uma boa taça de vinho.

Assim são realizados os rituais de nossas famílias, comuns a inúmeras famílias, fazendo com que esses rituais sejam especiais por sua comunhão e cumplicidade entre pessoas que não se conhecem, mas que serão transmitidos e adquiridos no transcorrer das gerações.

4.5. Conclusão

Concluímos que a tradição é a responsável por preservar os costumes socioculturais das antigas gerações, e os rituais, ainda que se modifiquem com o passar do tempo, continuam a preservar muitos dos elementos tradicionais de nossos antepassados, confirmando sua importância como mediadores entre o passado, o presente e o futuro.

Referências bibliográficas

ARROYO, L. "A mesa em São Paulo", in: CASCUDO, L. C. (Org.). Rio de Janeiro: Livros Científicos Editora, 1977.

BAKHTIN, M. *Estética da criação verbal*. São Paulo: Martins Fontes, 2003.

BOFF, L. "Virtudes para um outro mundo possível", in: *Comer e beber juntos e viver em paz*. Vol. III, Petrópolis: Vozes, 2006.

CARNEIRO, H. *Comida e sociedade: uma história da alimentação*. Rio de Janeiro: Campus, 2003.

DURKHEIM, É. *As formas elementares da vida religiosa*. São Paulo: Martins Fontes, 1996.

FREIRE, P. *Pedagogia do Oprimido*. São Paulo: Paz e Terra, 46ª ed., 2006.

HOBSBAWN, É. *A invenção das tradições*. São Paulo: Paz e Terra, 2006.

PEIRANO, M. *Rituais como Estratégia Analítica e Abordagem Etnográfica* (Rituals as Analytical Strategy and Ethnographic Approach). 2001.

VYGOTSKY, L. S. *Obras Escogidas*. Madrid: Visor, Tomo II, 1993.

ZUIN, L. F. S.; ZUIN, P. B. *Produção de alimentos tradicionais: extensão rural*. Aparecida: Idéias & Letras, 2008.

Capítulo 5

Os alimentos tradicionais

Às vezes me pego com um leve sorriso nos lábios;
geralmente esse fato ocorre quando eu enrolo
uma batata frita dentro de um pedaço de salame.
Meu pai sempre fazia esse tira-gosto aos domingos,
antes do almoço, sempre acompanhado de sua cachacinha.
Esse prato era chamado entre nós
de as *spatchugueiras* do Jucão.

Luís Fernando Soares Zuin

5.1. Introdução

Neste capítulo, buscamos conceituar o que são os alimentos tradicionais, mostrando sua importância cultural e comercial. Salientamos a importância de se valorizar a manufatura desses produtos (artesanato), pois eles trazem consigo a história de uma cultura, de uma região e de uma família, bem como a história de quem os produziu.

Pelo fato de os produtos tradicionais estarem ganhando destaque tanto no mercado consumidor brasileiro como no internacional, devido a essa dimensão histórica e cultural que neles está presente, discorremos em um item específico sobre a redescoberta pelo mercado consumidor desses produtos. Procuramos também, ao longo deste capítulo, explicitar a necessidade de se resgatarem as receitas passadas de gerações em gerações, bem como a importância de transmitir esses conhecimentos, a fim de que a história de uma família seja mantida.

Ainda neste capítulo, trataremos sobre a arte presente no preparo desses alimentos, mostrando que eles são tradicionais porque contêm procedimentos e práticas específicas de uma região geográfica.

Dessa maneira, os alimentos tradicionais são assim denominados porque fazem parte de um contexto histórico específico que vem perpetuando-se com o passar dos tempos.

5.2. O que são os alimentos tradicionais?

Atualmente percebemos um grande interesse dos consumidores em busca do consumo de alimentos tradicionais. Tal interesse se deve a alguns fatores, como a crescente desconfiança do consumidor em relação aos produtos industrializados, principalmente por causa dos escândalos cada vez mais frequentes envolvendo sua qualidade. Outro aspecto comercial importante desse tipo de produto é a relação existente entre os aspectos histórico-culturais do indivíduo com relação ao alimento consumido, visto que esse consumidor reconhece nesse tipo de produto uma determinada dimensão afetiva por meio de sua memória gustativa, como, por exemplo, o fato de o feijão do bar do *Zé* ser muito semelhante ao de minha mãe.

Mas para o consumidor qual seria a definição de alimentos tradicionais? Essa é uma tarefa de grande complexidade, talvez por se tratar de um interesse recente por parte do mercado consumidor.

> De uma maneira intuitiva o consumidor entende o que seria um alimento tradicional. Entretanto, quando é realizada uma reflexão mais profunda, pode-se concluir que esse conceito não é de fácil definição (Zuin, L. F. S. e Zuin, P. B., 2008, p 24).

Nesse sentido, algumas questões podem ser formuladas a fim de se conceituar esse tipo de alimento, tais como: É possível distinguir um alimento tradicional manufaturado, na propriedade rural, dos não tradicionais, originários da clássica agroindústria? É possível classificar e distinguir um alimento por meio de sua nacionalidade, regionalidade e localidade? Ou ainda um alimento tradicional estaria ligado a sua origem geográfica, a sua tradição, ao processo de manufatura e ao tipo de matéria-prima empregada? Ou seria um conjunto de todos esses aspectos?

Para alguns estudos,[12] falar em alimentos tradicionais não é apenas pensar em produtos que não sejam manufaturados em grande escala, produzidos de forma industrial. Os alimentos tradicionais são, em sua maioria, específicos a uma determinada região geográfica, sendo também conhecidos como artesanais, caseiros, de qualidade ímpar, da fazenda, produtos da terra, rurais, entre outros atributos.

Desta forma, esses alimentos podem ser assim definidos:

> (...) um produto único pelo emprego de matérias-primas e pelos conhecimentos aplicados, assim como os usos de produção, de consumo e de distribuição, e que atualmente recebem, entre outras, as denominações de local, artesanal ou regional (Ribeiro e Martins, 1995, p. 9).

Assim, esses alimentos estão ligados a um saber-fazer coletivo (regional) e individual, pois a maneira com a qual o produtor o processa (saber-fazer), em conjunto com a qualidade ímpar de suas matérias-primas, influencia na diversidade dos produtos oriundos de cada região. Diante disso, o alimento produzido e consumido em uma dada região passou a ser mais um atributo de diferenciação entre as inúmeras culturas, tornando os costumes gastronômicos e os alimentos sinais de identidade de cada população.

Os alimentos tradicionais são ainda assim conceituados porque persistem no tempo, sendo sempre manufaturados em um determinado lugar e de uma certa maneira, devendo conservar as características que os definem quanto a seus aspectos físico-químicos, como textura e sabor.[13]

---

[12] Tibério (1998).
[13] Bernat (1996).

Desta maneira, para que um alimento seja considerado tradicional, ele deve possuir algumas características relativas ao modo como foi produzido, tais como ser confeccionado com matéria-prima local, manufaturado em pequena escala e estar fortemente ligado com as tradições locais. Com esses atributos, verificamos que os alimentos tradicionais estão ligados a uma determinada cultura, desde o planejamento de seu cultivo.

5.3. Alimentos tradicionais são *produtos com história*

Também denominados como *produtos com história*, os alimentos tradicionais constituem e fazem parte da história social de determinada cultura, de uma região e de um indivíduo.

Na busca por resgatar e reafirmar a cultura presente nesses alimentos, a manufatura desses produtos é hoje amplamente reconhecida, principalmente nos países latino-europeus, que elaboram estratégias para recuperar e valorizar esse tipo de alimento. No Brasil, observa-se que a retomada da produção desses alimentos começa a ser tratada pelo poder público, mas não com a mesma intensidade.

Os alimentos tradicionais são aqueles que nos chegam vindos de um passado longínquo, por meio de gerações que os foram produzindo, recriando e atualizando. Construídos desta maneira, a história desses produtos é também a história de coletivos sociais (comunidades), de suas formas de organização social, de seus recursos, de sua existência.

Desta forma, grande parte dessa história coletiva vem inscrita nas especificidades de cada um desses produtos, ou seja, nos processos de sua produção, distribuição e consumo. Portanto, é nos saberes-fazeres que estão contidos os ritos e rituais, que se associam aos sentimentos e às emoções que neles estão depositados.

Mais que um objeto, fruto do trabalho humano, o alimento tradicional contém não apenas a história da pessoa que o produziu, mas também a tradição de várias gerações, bem como as especificidades históricas de determinado local e de uma cultura. Sendo a *história* um elemento fundamental para a humanidade e a materialidade, faz-se premente preservar o passado e as tradições da passagem dos tempos, a fim de defendermos a identidade cultural do país, da comunidade, da família e do indivíduo.

5.4. Os consumidores voltam a valorizar os produtos tradicionais

Ao longo de sua história, os alimentos tradicionais estiveram frequentemente à disposição dos consumidores; entretanto, raramente sua qualidade singular foi percebida. Nas casas campesinas onde esses tipos de alimentos têm origem, eles eram produzidos e consumidos essencialmente para a própria sobrevivência; quando muito, o que sobrava era comercializado nas cidades circunvizinhas, onde suas características eram valorizadas.

Raramente esse tipo de alimento era destinado a outras regiões e países, pois esses alimentos em sua maioria não eram apreciados pelo consumidor final; em muitos casos, eram até motivo de desprezo e chacota para as pessoas que os consumiam. Esses produtos estavam ligados a aspectos depreciativos, como o *atraso cultural* de determinada região e povo. Graças a esse desinteresse, muitos desses produtos foram poupados pela modernização, isto é, ficaram intactos ao longo da história devido ao "atraso tecnológico" de suas regiões produtoras.

Há pouco tempo os produtos tradicionais foram redescobertos e valorizados pelos consumidores, que – buscando um alimento mais saudável, natural, saboroso e principalmente de origem conhecida – passaram a consumi-lo. Principalmente depois de escândalos envolvendo os alimentos, como a "vaca louca" na Europa e o leite com água oxigenada no Brasil.

Estudos[14] realizados nos mercados consumidores indicam que as pessoas estão propensas a pagar mais caro pelos alimentos tradicionais do que pelos similares industrializados. Logo, a manufatura dos alimentos – tanto na propriedade rural como na cidade – destaca-se como uma alternativa de renda para as famílias mais necessitadas.

Um ponto muito valorizado pelos consumidores nos alimentos tradicionais diz respeito ao resgate de suas lembranças afetivas, pois por meio dos alimentos as pessoas lembram lugares, pessoas, eventos e situações, buscando frequentemente uma identidade há muito tempo perdida.

Nestes tempos de globalização, em que ocorre uma oferta maciça e padronizada de alimentos industrializados para as classes sociais mais economicamente abastadas, os produtos tradicionais acabam sendo valorizados, devido a sua qualidade e exclusividade.

5.5. A arte e o ofício na produção de alimentos tradicionais

A manufatura dos alimentos tradicionais está mostrando-se, cada vez mais, uma boa forma de uma família (e/ou região) gerar renda, por meio da produção artesanal dos alimentos. A renda nesse caso é

---

[14] Mariot (2002).

gerada através de uma conjuntura entre o saber e a experiência, sendo considerada uma *arte* construída ao longo do tempo.

O conjunto de atributos referentes à qualidade dos produtos tradicionais é o que os diferencia dos industrializados (tipo *commodities*),[15] também chamados *de gostos pasteurizados*. Nesse sentido, o resgate dos produtos tradicionais busca valorizar as manufaturas *artesanais* (arte + trabalho), salientando o emprego da cultura identitária de uma determinada região.

Diferentemente do que ocorre na Europa, no Brasil as pessoas que produzem alimentos tradicionais quase sempre não conseguem obter um valor justo durante a comercialização de sua produção, pois não há o reconhecimento pelo mercado consumidor dos saberes-fazeres de quem os produziu, de quem se manifesta na sua arte. Todavia, há uma tendência mercadológica para que mudanças ocorram.[16]

5.6. Um resgate da história contida nos alimentos tradicionais

As mulheres desempenham um importante papel na transmissão dos conhecimentos ligados à arte de cozinhar, pois elas ocupavam e ainda ocupam as cozinhas. Grande parte das mulheres que hoje possuem mais de quarenta anos de idade iniciou suas atividades culinárias com cerca de oito anos de idade, como é o caso de nossas mães.

---

[15] Atualmente o termo *commodities* está sendo empregado pelos pesquisadores das ciências sociais aplicadas como produtos padronizados, sem identidade cultural, cujo estímulo para a compra é predominantemente o preço.

[16] Para saber mais sobre a valorização e produção desses alimentos, ver a obra "Produção de alimentos tradicionais: extensão rural", Zuin, L. F. S. e Zuin, P. B. (2008).

Naquela época, as mães não viam perigo na cozinha, pois esse lugar da casa fazia parte do cotidiano de todas as meninas. Era lá que elas ficavam e ajudavam suas mães com uma coisa ou outra, aprendiam a arte de cozinhar olhando e brincando, tal como podemos observar nos relatos que se seguem:

> O primeiro prato que fiz foi massa frita, aos oito anos de idade. Eu via minha mãe fazer e, num dia em que ela estava ocupada, fui até a cozinha e fiz massas fritas para toda a família. Depois desse dia, eu passei a fazer também para as visitas, que adoravam! Fiquei conhecida por meus tios como a menina das massas fritas (Magali de Castro Bruno).

> Aprendi a cozinhar sozinha, olhando minha mãe fazer. Aos sete anos eu já cozinhava para toda a família no fogão à lenha (Maria Jandira Campos Bruno).

> Com nove anos de idade aprendi a cozinhar fazendo um bolo de fubá, receita de minha mãe, e até hoje as pessoas me pedem para fazê-lo. Muita gente pega a receita comigo, mas eles não conseguem fazer igual (Antônia Magali Bruno Marcondes César).

> O primeiro prato que fiz foi aos nove anos, uma sopa. Minha mãe costurava em um quarto ao lado da cozinha e, de lá, ela ia falando para mim os ingredientes e o modo de preparo (Elizabeth Soares Zuin).

Como visto, as meninas, hoje mulheres, começavam a cozinhar ainda crianças, olhando os que estavam a seu redor, criando e recriando as receitas que eram de suas mães ou familiares.

Assim posto, produzir alimentos tradicionais é uma atividade que relaciona, além da tradição, a criação, a aprendizagem e a memória, numa junção que permite referendar o passado ao mesmo tempo em que se cria o presente, construindo e reconstruindo, assim, constantemente a história. É o que acontece com as receitas passadas de geração em geração, tal como podemos ver com o relato evidenciado abaixo.

As Batatas da Vó

Minha avó, Maria Jandira, mãe de meu pai, hoje com 94 anos de idade, fazia uma batata cozida na gordura que era apreciada por toda a família, principalmente por mim. Ela pegava a batata descascada e colocava seu tempero, tempero esse que ela mesma fazia com cebolas, alho, pimenta e sal, batidos no liquidificador. Em seguida, ela deixava horas as batatas cozinhando na gordura, até que elas ficassem macias por dentro e com uma casca dourada por fora. Era minha alegria chegar da escola e ver as batatas prontas em cima da mesa e, às vezes, ainda no fogão. Minha avó, assim que eu chegava, dizia: "Adivinha o que tem hoje?". Nem precisava responder e adivinhar. O sabor dessas batatas para mim é inesquecível, assim como outros de seus pratos, por exemplo, o nhoque, a salada de carne e de feijão, suas polentas fritas com café. Mas, voltando às batatas da "vó", minha mãe aprendeu o mesmo prato com minha avó, porém, a fim de tornar as batatas um prato mais saudável, ela modificou seu modo de preparo. Primeiramente, ela dá uma pré-cozida nas batatas, depois as refoga no azeite com tempero e, para dourá-las, ela as coloca no forno. As batatas de minha mãe também ficam saborosas, porém as de minha avó tinham um sabor todo especial.

Em minha casa eu já tentei fazer esses pratos, porém a receita de minha avó, assim como a de minha mãe, não ficam iguais as minhas, porque cada uma de nós, sendo única, adapta as receitas

com o passar do tempo. E hoje as batatas da vovó são conhecidas na família de meu esposo como as batatas da "tia Popo", nome que deram as crianças Júlia e Diego Zuin.
Poliana Bruno Zuin

É notável que as mulheres possuam um papel fundamental na transmissão das receitas e da história inscrita nos pratos, uma vez que historicamente foram elas as principais produtoras e gestoras dos alimentos, ficando a seu cargo a obrigação de ensinar às filhas as técnicas e os segredos da preparação e elaboração desses alimentos.

A transmissão em cascata da arte de cozinhar de mães para filhas contribui para a sobrevivência dos saberes-fazeres relativos aos pratos vinculados a contextos específicos, a uma cultura familiar, a um país ou à sociedade local.

Desta maneira, os relatos dessas mulheres, assim como de tantas outras mulheres, são fundamentais para se resgatar a história e a tradição de gerações. A memória associada ao alimento, como dissemos, é inesquecível, pois somente o alimento, assim como sua produção e o ato de se alimentar, permite o uso e o estabelecimento dos cinco sentidos, tornando-o um instrumento poderoso em nossa memória.

São, portanto, essas mulheres uma importante fonte de informação e reconstituição dessa história, contribuindo em muito para que seja possível o resgate desses alimentos e ritos.[17] A seguir, apresentamos um relato da história de quatro mulheres de uma mesma família que traduzem como os conhecimentos são passados de geração em geração e como o alimento se constitui um importante laço afetivo e de mediação entre essas mulheres e seus entes queridos, pois toda família possui pelo menos uma fortaleza, um anjo, uma surpresa e uma modernidade.

---

[17] Zuin, L. F. S. e Zuin, P. B. (2008).

As mulheres Crestana

Catarina

Comecemos com Vovó Catarina. Eu era ainda mocinha quando Vovó Catarina partiu. O que ficou em minha memória é a figura de uma mulher enérgica, forte, atenciosa e muito trabalhadeira. Fazia um macarrão como ninguém! Ela tinha a arte de abrir a massa do macarrão do tamanho da largura da mesa.

Era uma mulher "antenada" com tudo o que acontecia a seu redor, posto que todas as noites não perdia, religiosamente às 19 horas, "A Voz do Brasil", que ela escutava com muita atenção, em uma grande cadeira que era só dela, e com os ouvidos colados ao rádio.

Através da "A Voz do Brasil", ela sabia como estava a política do país, pátria que não era dela, mas que amava muito e a fez sua. Sabia do clima, da estiagem, das chuvas que viriam, da seca, da geada, e ficava sempre muito preocupada com as plantações e a colheita nas fazendas de seus filhos.

Guardava as guloseimas, os biscoitos de "Jacareí", que seus filhos traziam, a sete chaves, mas na hora certa sabia repartir com os netos que lhe faziam companhia à noite.

Todos os dias após o almoço ela tirava uma soneca, e, nós, crianças, aproveitávamos para procurar algum docinho no armário da cozinha. Pena que a porta desse armário rangia tanto quanto nossos corações, que pareciam pular de tanto medo de que ela escutasse.

Doces iguais àqueles nunca mais eu comi!

Vovó Catarina, Catina, como o vovô a chamava, era forte como seu nome.

Tenho certeza de que partiu orgulhosa de seus filhos e ciente de seu dever cumprido.

Adelina

Falar sobre ela é prazer e saudades! Tive o privilégio de ser uma de suas filhas. Se me perguntassem "Qual a cor que lembra sua mãe?". Eu diria: "Azul, a cor de seus olhos".

Mamãe era azul, azulzinha, azuladinha, celestial; mas quando precisava poderia tornar-se azulão.

Ela dizia sempre o certo na hora certa, não interferia nas desavenças, pelo contrário, procurava sempre apaziguar. Tinha um coração que quase não cabia dentro de si, pois era impregnado de muita bondade e ternura. Era totalmente desapegada dos bens materiais, fato este que trouxe junto com sua religião, pois o que tinha era de todos.

Sempre procurava uma desculpa para amenizar um erro, sempre... de quem quer fosse. Viveu sua vida sem vaidade, para o marido e os filhos.

Gostava muito de cozinhar, nunca mais experimentei molho de tomate e carne igual. Quando fazia os nhoques, ao terminar dizia quantos ela havia feito.

Além de tudo isso, Deus a fez linda... linda.

Gostava muito de música, tinha os ouvidos afinadíssimos, vivia assoviando, sentava-se ao piano e tocava uma música sem partitura.

Soube enfrentar com galhardia todos os obstáculos que surgiram e que não foram poucos. Era zombeteira, às vezes uma moleca. Gostava de provocar meu pai, que era um corintiano "roxo". Quando jogavam Palmeiras e Corinthians, ela colocava uma meia comprida de futebol verde e branca e ficava sentada com as pernas cruzadas na frente dele. Assim era minha azulzinha! Alegre e divertida.

Lígia

Fui incumbida, como disse no início, de falar sobre as mulheres Crestanas, mas lhes peço permissão para abrir uma exceção e falar sobre uma mulher que não nasceu Crestana, mas passou a ser com muita honra parte integrante de nossa família. Lembro-me ainda hoje, eu menina, vendo uma cena que poderia muito bem se tornar um quadro de Renoir.

Eu a conheci no dia de seu casamento, quando ela passou pela casa da vovó Catarina. O "quadro" que eu vislumbro ainda hoje é ela no espelho, retocando a maquiagem, passando batom e se aprontando para seguir em lua-de-mel para a Fazenda Santa Clara. Eu, a seu lado, olhava para ela, maravilhada!

Imagino hoje o que se passava por sua cabeça cheia de sonhos, junto com seu "Príncipe Encantado". Após uns dias, não sei de quem foi a ideia, lá fui eu ficar com eles durante um tempinho. Devo ter atrapalhado bastante, não?

Mas ela gostava de minha companhia, principalmente quando tio Beto estava na lida. Fazíamos longas caminhadas, e eu passava para ela meus poucos conhecimentos da arte de cozinhar.

Era de uma sensibilidade à flor da pele, pois mocinha, criada com os costumes da cidade, não tinha ideia das muitas dificuldades que iria encontrar pela frente.

Os anos foram passando, os filhos chegando, e ela com sua força de mulher foi também vencendo os obstáculos. Dedicou-se durante um tempo a alfabetizar crianças e empregados da fazenda.

O que era dela era de todos, a caridade e a bondade faziam parte de seu cotidiano. Imagino quantos atos de bondade ela realizou sem que ficássemos sabendo! Em rápidas palavras, esse é o perfil de uma mulher que muito amei, e me sinto de uma maneira feliz por ter tido a oportunidade de lhe dizer isso. Uma semana antes de ela partir.

Dela nós herdamos um legado de amor, de delicadeza e alegria! Essa mulher?

Lígia Marta Biava Crestana

Lola

Tia Lolita é a tia que pedimos a Deus, e por felicidade a temos. Falar de tia Lola é fácil! É uma mulher livre de convenções e do que os outros vão dizer. Sempre muito apegada aos filhos e preocupada com o que a cerca. Na cozinha, sua especialidade é o pimentão cheio, que me deliciava sempre que podia. Fala com orgulho de seus filhos, netos e noras. Com ela é só risada, tem um coração de ouro! Mulher forte, aguentou firme as intempéries da vida. Preocupa-se com os seus e com os necessitados, mostrando-se muito bondosa. Tia Lola sempre viveu além de seu tempo, por isso ela é tão especial!

Elizabeth Soares Zuin

5.7. Conclusão

Como visto no decorrer deste capítulo, os alimentos tradicionais são assim denominados por estarem associados a uma cultura específica e, com ela, relacionados a ritos, costumes, memórias, modos de preparo, de produção, enfim, a uma série de fatores que os tornam tradicionais.

Os alimentos tradicionais, por assim serem, são também denominados produtos com história, porque trazem em si a história do lugar onde foram produzidos e de quem os produziu. Uma história que veio e vem perpetuando-se há gerações.

Como esta obra busca valorizar os aspectos históricos e culturais, assim como os ritos e as tradições que estão ligados ao ato de se alimentar, esses alimentos tornam-se importantes por serem frutos e referências da história, da tradição e da cultura.

Referências bibliográficas

BERNAT, E. "Los nuevos consumidores o las nuevas relaciones entre campo y ciudad a través de los 'productos de la tierra'", in: *Agricultura y Sociedad*. n. 1, p. 80-81, 1996.

MARIOT, J. E. *Produtos agroalimentares típicos (coloniais): situação e perspectivas de valorização no município de Urussanga, Santa Catarina, Brasil*. Dissertação de mestrado internacional em gestão do desenvolvimento rural. Universidade de Trás-os-Montes e Alto Douro, Portugal, p. 115, 2002.

RIBEIRO, M.; MARTINS, C. "De mães para filhas – por aqui se faz a construção e a reconstrução da história (de uma boa parte) dos 'produtos com história'", in: *Sociedade e Cultura 1*. Cadernos do Noroeste, Série Sociologia, v. 13, p. 269-279, 2000.

TIBÉRIO, M. L. "Produtos tradicionais: importância socioeconômica na defesa do mundo rural. 1ª Jornada de Queijos e Enchidos – Produtos Tradicionais", in: *IAAS*, EXPONOR, p. 1-13, 1998.

ZUIN, L. F. S.; ZUIN, P. B. *Produção de alimentos tradicionais: extensão rural*. Aparecida: Ideias & Letras, 2008.

Capítulo 6

Proposta de método de educação histórico-cultural para a alimentação

As ideias são mais importantes que os modelos.

Luís Fernando Soares Zuin

6.1. Introdução

SENDO ESTE O ÚLTIMO CAPÍTULO teórico de nosso livro, buscamos mostrar a importância de haver uma educação alimentar tanto na escola como na família. Os ensinamentos propostos para a educação alimentar objetivam resgatar os valores histórico-culturais tratados ao longo dos capítulos.

Como já foi abordado, as tradições, os rituais e os costumes, nos diferentes campos do conhecimento, são transmitidos de geração a geração, por meio de situações de ensino-aprendizagem. Por isso, é essencial que a escola – como instituição responsável pela transmissão dos saberes científicos construídos social e historicamente pelo homem – seja também a responsável por resgatar o aspecto histórico-cultural em que a alimentação e o ato de se alimentar estão envolvidos, e não apenas a valoração do aspecto nutricional como se tem feito corriqueiramente. A construção de um novo cenário para a introdução desse saber torna-se importante em decorrência de uma sociedade na qual as jovens famílias foram perdendo os antigos hábitos alimentares, como o consumo de alimentos frescos e tradicionais, devido à modernização e à industrialização.

Diante desse novo cenário social, é essencial que a educação alimentar contextualize historicamente a alimentação ao longo dos tempos, ressaltando a cultura local e regional presentes na alimentação de cada criança. Somente com um ensino significativo, reflexivo e crítico, considerando o contexto no qual os educandos estão inseridos, é que realmente conseguiremos educá-los para uma alimentação mais saudável. Entretanto, de nada vai adiantar a escola adotar esse processo de aprendizado histórico-cultural do alimento, se a família não estiver envolvida totalmente, ou seja, continuar com hábitos arraigados na cultura *fast food*.

6.2. Educação alimentar: A importância da mediação na formação da criança e de seu paladar

No decorrer desta obra, a alimentação foi tratada como um ato cultural, sendo organizada e transmitida ao longo da história em diferentes países, regiões e comunidades. Assim, cada cultura criou diferentes ritos e costumes, a fim de que uma determinada tradição fosse mantida. O mesmo ocorreu com a alimentação.

Vimos que a família como mediadora é a principal responsável pela formação do paladar da criança e que este é constituído na primeira infância. Desta forma, é por meio das mediações daqueles que estão a sua volta que a criança vai aprendendo valores, costumes e ritos.

Todavia, por conta da nova organização da vida social, ou seja, com a inserção da mulher no mercado de trabalho, quase não há tempo para educar, cozinhar e cuidar dos filhos, para que eles tenham uma boa alimentação com produtos frescos, de diferentes tipos e sabores. Essa nova organização social fez com que o mercado fosse invadido pela cultura *fast food*. Comidas congeladas, industrializadas e de fácil acesso fazem parte da vida da grande maioria. Contudo, não é difícil preparar alimentos frescos em casa. Ao contrário, pode-se pensar em maneiras de facilitar a correria do dia-a-dia, deixando as verduras lavadas, assim como as frutas, carnes cortadas em pequenas porções, temperos caseiros, como nossas avós e mães faziam, ou seja, modos de preparo mais rápidos e que preservam a qualidade e a variedade dos alimentos.

O discurso atual das famílias de não terem tempo para cozinhar (e para estar ao lado das crianças), muitas vezes empregado como uma mera desculpa, coloca a responsabilidade nas escolas, segunda instituição mediadora, da formação do paladar das crianças, dos costumes, valores e ritos em que o ato de se alimentar está envolto. Todavia, esse é apenas um dos aspectos relacionados à educação das crianças que está sendo direcionado às escolas.

Pensando nessa nova organização, em que cabe à escola grande parte da responsabilidade do educar, além da transmissão dos saberes científicos, que é sua finalidade, propomos, a seguir, algumas reflexões e encaminhamentos pedagógicos para que as duas instituições responsáveis pela educação das crianças possam resgatar os aspectos histórico-culturais da alimentação, tornando-as conscientes da necessidade de se alimentar de maneira mais saudável.

6.2.1. Oferta de grande variedade de alimentos

Para que as crianças possam alimentar-se mais saudavelmente, é essencial que novos ritos sejam cultivados para que se tornem hábitos. Tanto a família como a escola devem ofertar à criança a maior quantidade de verduras, legumes e frutas possível, a fim de que ela, desde pequena, tenha contato com grande variedade de alimentos, visando à formação ampla de seu paladar. O comportamento dos pais ou de qualquer outro mediador que esteja a seu redor deve servir de exemplo. A esses cabe alimentar-se com uma enorme variedade de alimentos, pois a criança pequena aprende por imitação. Pesquisas indicam que se apresentarmos uma comida diferente a um adulto, com a qual ele não se identifica, dificilmente ele irá gostar do alimento e voltar a comê-lo; caso os pais não gostem de determinado alimento, dificilmente a criança irá apreciá-lo, pois ela se espelha no comportamento dos pais.

Dessa forma, encaminhar as crianças para uma alimentação mais saudável é essencial para que elas contenham em seu organismo todas as vitaminas necessárias para sua sobrevivência. Mas, com certeza, os ritos, os valores, os hábitos valem muito mais na hora da formação de seu paladar do que a velha história dos nutrientes necessários para não adoecer. A afetividade é uma arma muito poderosa para a formação do caráter e da identidade de qualquer criança, portanto, estar junto e com a criança é fundamental.

6.2.2. Comer juntos

É de extrema importância que as crianças comam junto com sua família, com outras crianças e com outros mediadores. É nesse momento que elas começarão a imitar os que estão a seu redor; é nesse momento que estarão aprendendo valores, ritmos e costumes.

Ao redor da mesa, lugar da partilha, do carinho e da troca, a criança aprenderá uma ampla variedade de signos e símbolos, comportamentos e atitudes que estarão com ela no resto de sua vida. É nessa hora que aprenderá valores sobre o convívio.

Nesse sentido, é muito importante que se crie uma rotina. Os ritos são fundamentais para que a criança aprenda e repita comportamentos; no comer juntos, ela poderá aprender a gostar de diferentes tipos de alimentos. No comer juntos, as relações familiares se fazem e se refazem, partilhando-se a alegria de se estar junto ao mesmo tempo em que se alimenta.

6.2.3. Juntos preparar os alimentos

Outro ponto importante para a formação da criança é a preparação dos alimentos junto com os pais, familiares ou outros mediadores. Não há problema em levar os pequenos à cozinha, desde que se vá ensinando a eles os perigos, atribuindo-lhes tarefas que são acessíveis às diferentes idades.

É fundamental para a aprendizagem estar inserido no processo. Desta maneira, participar da preparação de qualquer prato faz com que eles aprendam a apreciar ainda mais os alimentos a serem consumidos. Nesses momentos, as crianças irão percebendo os valores simbólicos dos rituais, dos costumes, apreendendo a história de seus convivas e de sua cultura.

> Temos uma priminha de três anos, o nome dela é Júlia, e todas as vezes que vamos para a casa de minha mãe ela está lá. Minha mãe diz que eu sei fazer pão como ninguém, então, um dia, nós a chamamos para fazer conosco. Esse dia foi uma festa! Durante o preparo ela foi colocando as medidas e ajudou-nos a fazer o pão, a bolinha para saber quando a massa estava boa para colocá-lo para assar etc. Na segunda vez que fomos para a cozinha preparar o pão, ela já sabia todos os ingredientes. O fato de preparar o pão como se fosse brincadeira fez com que ela guardasse em sua memória a receita da família, bem como o modo de seu preparo (Poliana Bruno Zuin).

Sendo as receitas passadas de geração em geração pela família, é nesse momento que a criança vai aprender a fazer, degustar e apreciar a qualidade dos alimentos tradicionais.

6.3. Uma proposta metodológica para a educação alimentar

Conforme a Política Nacional de Alimentação e Nutrição, é de responsabilidade do Ministério de Educação o trabalho de articular com o Ministério da Saúde ações de desenvolvimento para a educação alimentar de nossas crianças na escola. Essa política tem como preceitos:

• a promoção de práticas alimentares e nutricionais saudáveis junto aos escolares e seus familiares;

• a reorientação da formação de profissionais de saúde, tendo em conta as diretrizes fixadas nesta Política;

• a avaliação da qualidade da merenda escolar e de seu impacto sobre o crescimento e desenvolvimento do aluno, sobre a capacidade de aprendizagem e rendimento escolar;

• a avaliação da influência das transformações de atitudes e potencial de extensão à família e à comunidade, em termos da incorporação de novos e melhores hábitos alimentares;

• a análise da introdução de conteúdos educativos de saúde, alimentação e nutrição, nos currículos do ensino fundamental, e a preparação de material educativo com essa finalidade, inclusive para as atividades da educação à distância;

• a capacitação do professor e a reorientação de sua formação para a prática do ensino de temas de saúde e nutrição, bem como para identificar problemas nutricionais;

• a introdução de temas de saúde, alimentação e nutrição, entre eles o aleitamento materno, nos currículos escolares; e

• a avaliação e o fortalecimento dos vínculos com as universidades e outros centros de ensino e pesquisa, para utilização da capacidade analítica e de desenho de estratégias, bem como para o apoio à capacitação e treinamento de profissionais e agentes comunitários.

Tendo em vista essas diretrizes, apresentamos, a seguir, propostas de capacitação e formação para aqueles que atuam junto com nossas crianças, a fim de se colocar essa política em prática. Contudo, focamos não só nos aspectos nutricionais da alimentação, mas também enfatizamos os valores histórico-culturais ligados aos alimentos e à alimentação, tal como foram trabalhados no decorrer desta obra.

6.3.1. Formação e capacitação de professores

Indo ao encontro dos preceitos abordados nas diretrizes da Política Nacional de Alimentação e Nutrição, este capítulo busca fornecer subsídios para professores que atuam tanto na educação infantil como no ensino fundamental de primeira a quarta série. Apesar de a política preconizar "a introdução de conteúdos educativos de saúde, alimentação e nutrição, nos currículos do ensino fundamental", achamos pertinente que se inicie o trabalho com a específica temática desde a educação infantil, pois é nessa faixa etária (0 a 6 anos) que se forma o paladar das crianças.

Para tanto, traçamos um plano de ação que poderá ser ofertado, pelos órgãos governamentais e privados de ensino, aos professores que trabalham diretamente com as crianças da faixa etária de três a dez anos.

Para uma melhor didática, o plano de ação, para a formação e capacitação desses profissionais, pode ser dividido em dois blocos, abordando os seguintes conteúdos e práticas:

1. Conceitos (conteúdo):
- Homem.
- Cultura.
- Alimentação.
- Tradição.

2. Procedimentos Metodológicos (forma):
- Diálogos.
- Parceria.
- Projetos.

No primeiro bloco, buscamos capacitar os professores nos principais conteúdos abordados nesta obra e que possuem relação direta com a temática alimentação como fato histórico-cultural. No segundo bloco, procuramos mostrar algumas formas de se trabalhar com os conteúdos abordados, ou seja, encaminhamentos que de maneira alguma devem ser entendidos como imposição.

Como a forma e o conteúdo não se separam, esses dois blocos estarão inter-relacionando-se concomitantemente. Para alguns pesquisadores,[1] o conteúdo é um conjunto de elementos e processos que formam determinado objeto. A forma é a estrutura ou organização do conteúdo que não é algo externo, mas que lhe é inteiramente inerente, não podendo ser separados um do outro.

> Não existe o conteúdo geral, existe somente o conteúdo formado, isto é, o conteúdo que tem uma determinada forma. Do mesmo modo, não existe uma forma pura, sem conteúdo, a forma

---

[1] Affanássiev (1982).

tem sempre um conteúdo, pressupõem existência de determinado conteúdo, de que ela é sua estrutura e organização (Affanássiev, 1982, p. 133).

A fim de se colocar em prática a capacitação de professores, é necessário, antes de tudo, conceber um enfoque metodológico que deve nortear a capacitação.

6.3.1.1. Enfoque metodológico para a capacitação

Por meio do emprego do referencial teórico-metodológico de Paulo Freire, Vygotsky e Bakhtin (autores evidenciados ao longo dos capítulos deste livro e que possuem a mesma concepção de homem, mundo e ensino-aprendizagem), é apresentada aqui uma proposta norteadora para as ações dos capacitadores.

Tal como salienta Freire,[2] qualquer ação de ensino-aprendizagem não pode estar dissociada das condições de existência dos educandos (professores e alunos), de sua visão de mundo, de sua cultura e de suas crenças. Por essa razão, as atividades de ensino devem ser significativas. O ensino significativo deve, necessariamente, considerar o contexto dos educandos, para que eles possam estabelecer sentidos e realmente apreender os conteúdos ensinados.

A concepção freireana[3] de educação busca ensinar o homem a se expressar, a se comunicar, isto é, a dialogar. Esse preceito se deve à condição de o homem ser comunicativo e interativo, que se relaciona por meio da linguagem.

---

[2] Freire (2001).
[3] Esse vocábulo é referente ao pensamento de Paulo Freire (ver obras utilizadas nas referências bibliográficas).

Nesse sentido, o ensino deve estar centrado no diálogo. Por meio do diálogo, educadores e educandos podem relacionar-se e expressar seus pensamentos, suas leituras de mundo e, consequentemente, tornar-se conscientes dos conflitos existentes da vida social. Somente pelo diálogo, o homem, nesse caso o professor-educador, poderá tornar-se crítico e reflexivo sobre as questões que estão a sua volta. No caso específico da alimentação e do ato de se alimentar, os professores podem tornar-se conscientes dos aspectos relacionados à perda dos rituais e consequências desse fato para as futuras gerações; podem também conscientizar-se dos problemas causados pelo *fast food*, como problemas relacionados à saúde (obesidade, problemas cardiovasculares, diabetes, entre outros), problemas de ordem emocional (estresse, ansiedade, depressão, entre outros), devido à falta de diálogo e a momentos de partilhas com a família, uma vez que é na hora da alimentação e durante o preparo dos alimentos que as famílias podem estar juntas.

Freire salienta que o diálogo pode ser problematizador, à medida que leva os educandos (ou os partícipes das discussões) à reflexão graças à confrontação[4] de pensamentos.

No processo de capacitação e formação dos professores, é desejável que os capacitadores-educadores empreguem, desde o início de suas atividades, os procedimentos metodológicos de Paulo Freire, a fim de se conduzir o processo de ensino-aprendizagem. O emprego desses procedimentos é, também, uma forma de orientar a maneira pela qual os professores desenvolverão suas atividades com seus alunos.

Pensando na teoria metodológica referenciada, o trabalho dos

---

[4] O termo confrontação aqui empregado se baseia nas teorias de Vygotsky e Bakhtin, que possuem estreita relação com a teoria de Freire, uma vez que a expressão do pensamento se manifesta por meio do diálogo, o qual manifesta diferentes leituras de mundo, dado às diferentes experiências e contextos vivenciados.

capacitadores-educadores deve ser orientado por diálogos *problematizadores* a partir dos conteúdos a serem ensinados. De acordo com o autor, esses conteúdos devem ser ensinados a partir de temas geradores que levem ao diálogo e à reflexão.

Assim, os conteúdos escolhidos para serem trabalhados no primeiro bloco e que constituem os pilares desta obra (*o Homem, a Cultura, a Alimentação e a Tradição*) podem ser os temas geradores dos diálogos.

Bloco 1
Temas geradores ou conceitos a serem trabalhados

A fim de exemplificarmos como esses conceitos podem ser trabalhados, faremos, a seguir, questões de condução de diálogos e discussões sobre os conceitos e as teorias abordadas ao longo da obra.

Como visto, para facilitar o processo de formação e capacitação dos professores, preconizamos quatro conceitos-chave que são os pilares deste livro. Nesse momento, iremos abordar cada um deles, como demonstração de condução dos encontros com os professores, por meio de questões que permitem dialogar sobre os conteúdos a serem ensinados.

A organização dos encontros, relacionados às horas-aula de formação e capacitação, ficará a critério de cada instituição; portanto, não nos prenderemos ao tempo ou número de encontros, mas aos saberes que devem fazer parte da formação dos professores-educadores.

Primeiro tema gerador: Homem

Questões para condução dos diálogos diálogos:

• O que é o homem?
• Como ele se constitui?
• O que diferencia o homem do animal?
• Qual a importância da família e da escola na formação do homem?
• Quais os elementos mediadores que o constituem?

A partir dessas questões e de encaminhamento das discussões e diálogos a serem realizados *com* e *junto* com os professores, os capacitadores poderão ir abordando as teorias que estão por trás de cada conceito trabalhado ao longo desta obra, como, por exemplo, que o homem é um ser que se constitui nas relações sociais, pela mediação daqueles que estão a sua volta; que o homem, como sujeito ativo, ao mesmo tempo em que é constituído pela história, também a constrói. Assim como todas as coisas a nosso redor, que foram constituídas por ele, homem. Portanto, o homem é fruto da cultura de seu meio, isto é, o meio no qual ele está inserido.

Dessa maneira, o capacitador-educador (assim como, posteriormente, o professor) de forma alguma deve deixar de considerar a história de seus educandos, isto é, seu contexto, suas vivências, suas memórias e suas aspirações. Pois é partindo da visão de mundo desses que é possível aprender, uma vez que a aprendizagem está ligada às relações de sentidos vivenciadas; por isso, o ensino deve ser sempre significativo.

Abordando essas questões e as problematizando, ocorrerá a apreensão pelos aprendizes das teorias de Vygotsky, Paulo Freire e Bakhtin, e do conceito de *Homem*, fundamental para a relação ensino-aprendizagem.

Chegando à conclusão de que o homem é um sujeito histórico e cultural, pois ao mesmo tempo em que tece sua história é fruto dela, o capacitador-educador poderá adentrar no segundo conceito-chave, que é a cultura.

Segundo tema gerador: Cultura

Questões para condução dos diálogos:

• O que é a cultura?
• Como ocorreu seu surgimento?
• Há diferentes tipos de culturas?
• Por que elas se diferenciam?
• Qual a importância dos signos, valores, rituais, tradições e costumes para a preservação de uma determinada cultura?

Esses questionamentos problematizadores poderão encaminhar o processo de ensino-aprendizagem desse conceito. A cultura surgiu com a necessidade de saciar as necessidades básicas do homem de se alimentar e sobreviver. Foi em torno dessa necessidade que os homens se organizaram e criaram instrumentos com o objetivo de criar melhores condições dessa sobrevivência. Assim como a linguagem foi um fundamental instrumento mediador para eles se relacionarem, a criação de instrumentos ferramentais para o trabalho foram essenciais para que pudessem facilitar a obtenção de alimentos, abrigos e proteger-se do frio e da chuva.

Aprofundando as questões culturais, o capacitador pode voltar-se para as questões da alimentação.

Terceiro tema gerador: Alimentação

Questionamentos para os diálogos e as reflexões sobre a temática alimentação:

• O que é alimentação?
• Quais as diferenças entre alimentação e nutrição?
• A alimentação é também um ato histórico e cultural?
• O que são os alimentos tradicionais?
• Quais os movimentos relacionados à alimentação e às formas de se alimentar?
• Por que é importante que se resgatem os valores históricos e culturais ligados aos alimentos e ao ato de se alimentar?
• Quais as necessidades nutricionais da criança?
• Como se forma o paladar da criança?
• Qual a relevância dos ritos, costumes e tradições na formação da criança e de seu paladar?

Sendo o conceito alimentação o "tema gerador" central dessa obra, é necessário que o capacitador-educador se aprofunde nas questões sugeridas e faça outras questões referentes à alimentação.

Partindo dessa temática, a relação ensino-aprendizagem se concretizará, contribuindo para a formação alimentar de nossas crianças. Nessa hora, o capacitador-educador deverá recorrer aos conteúdos abordados nesta obra, dizendo que a alimentação enquanto ato histórico e cultural está relacionado a cada cultura, a cada região e a cada país. Deve explicitar que a alimentação está cerceada por ritos e valores que se manifestam e se perpetuam por meio de tradições que, sendo essas inventadas ou não, contribuem para a preservação de uma cultura e da memória de uma família e de infinitas gerações.

É de extrema importância salientar que a formação do paladar do homem é formado na primeira infância. Portanto, oferecer uma grande variedade e gama de alimentos é essencial para que a criança seja adepta de uma alimentação mais saudável e com nutrientes necessários para sua sobrevivência. Todavia, é primordial que se enfatizem os valores culturais envolvidos a ele, pois, assim como na aprendizagem de qualquer conteúdo, a aprendizagem alimentar só ocorrerá se houver afetividade, emoção, troca e partilha. Ou seja, a criança só irá alimentar-se de maneira nutritiva se a seu redor estiverem a família ou as pessoas queridas que se alimentem do mesmo que ela, dando assim ênfase ao último conceito-chave que faz parte do primeiro bloco da formação dos professores.

Quarto tema gerador: Tradição

Questões a fim de se dialogar sobre o tema tradição:

- O que é tradição?
- Como uma tradição é mantida?
- Como as tradições surgiram?
- Do que as tradições se utilizam?
- Quais as diferenças entre ritos, costumes e tradições?

A fim de se trabalhar com o último conceito-chave, o capacitador-educador deve salientar a importância das tradições para que a história e a cultura de gerações sejam mantidas.

Deve-se ainda enfatizar que as tradições foram inventadas pelos homens, sendo algumas mais recentes que outras, porém todas com a mesma finalidade: incutir valores e crenças na população. Ainda que à primeira vista as tradições possam parecer maniqueístas, elas, muitas vezes, contribuem para a comunhão de um grupo. Por meio de rituais e de costumes, que se tornam hábitos com o passar dos tempos, as famílias e as culturas vão mantendo-se e perpetuando-se. As tradições nem sempre são iguais entre as gerações, uma vez que é comum que os ritos e costumes, assim como os valores, modifiquem-se. Entretanto, essas mudanças são normais e pertinentes à história como algo em constante movimento, que se solidifica com um pouco do velho e muito do novo. Mas, ainda que com mudanças, é possível identificar marcas culturais e familiares. Portanto, é por meio das tradições que as culturas vão afirmando-se e perpetuando-se.

Neste bloco de capacitação de professores, procuramos evidenciar os principais temas geradores que devem ser trabalhados com os professores, a fim de formá-los para a concretização de uma educação alimentar nas escolas de educação infantil e ensino fundamental. Mas quais os procedimentos metodológicos que eles devem utilizar a fim de trabalhar com as crianças? Essa questão direciona ao segundo bloco, que constitui o plano de ação por nós formulado.

Sabendo-se que a forma e o conteúdo não se separam, os encaminhamentos de ensino dos conteúdos abordados neste bloco evidenciam a forma com que os capacitadores-educadores e, por sua vez, os professores-educadores devem trabalhar com os educandos. Todavia, objetivando conceituar os procedimentos metodológicos por nós escolhidos, passemos ao segundo bloco.

Bloco 2
Procedimentos metodológicos

Escolhemos como procedimentos metodológicos a serem desenvolvidos pelos professores o diálogo, a parceria e a elaboração de projetos.

Diálogo

O diálogo é um instrumento que se baseia nas teorias de Bakhtin e Freire, em que ele é essencial para a relação social dos educandos e para a relação ensino-aprendizagem, como já salientado. O diálogo necessita o aprender a ouvir e o aprender a se comunicar. O diálogo preconiza que o interlocutor se coloque no lugar do outro. Portanto, no diálogo os interlocutores devem ser humildes para ouvir e aprender com o outro.

Ele permite também a reflexão, a confrontação e a conscientização. Por isso é importante para a aprendizagem e essencial para as relações de ensino.

Parceria

A parceria é um instrumento que se fundamenta na teoria de Vygotsky. Sendo a categoria de mediação um elemento fundamental na constituição do ser humano, a parceria como mediação intencional cria e estabelece a zona de desenvolvimento proximal, a qual relata o autor. A zona de desenvolvimento proximal é entendida como aquilo que a criança não consegue fazer sozinha, mas que, com a ajuda do outro, por meio da mediação, torna-se capaz de fazer e aprender. Por exemplo: ao pedir para uma criança fazer um prato, é bem provável que ela não saiba as medidas corretas dos ingredientes utilizados, porém com a ajuda do outro ela se torna capaz de fazê-lo. No caso de nossa priminha, de apenas três anos, embora ela soubesse os ingredientes necessários para fazer o pão, ela não se lembrava das medidas exatas, uma vez que esse conhecimento lhe era abstrato. Entretanto, com a ajuda de mediadores intencionais, na parceria, ela conseguiu lembrar-se de algumas medidas.

Projetos

O terceiro procedimento metodológico a ser abordado nas relações de ensino-aprendizagem é a elaboração de projetos com a finalidade de ensinar os conteúdos acima trabalhados. A definição de projeto está intrinsecamente relacionada às teorias dos autores utilizados. O projeto se relaciona a uma atividade que possui um objetivo e uma finalidade específica, bem como um tempo determinado para ser cumprido. Ele deve, necessariamente, ser multidisciplinar, uma vez que envolve conhecimentos de diferentes áreas.

Para exemplificar como esses procedimentos podem ser trabalhados com os professores, nada melhor do que mostrarmos como eles devem ser desenvolvidos na prática. Portanto, a seguir, mostraremos algumas formas de se trabalhar com os alunos os conteúdos abordados nesta obra.

6.3.2. Proposta de ensino para os professores

Como abordar com os alunos as temáticas homem, cultura, alimentação e tradição?

Qualquer conteúdo deve ser abordado de acordo com a faixa etária do aprendiz. Conforme Vygotsky, a aprendizagem da criança pequena ocorre por meio de brincadeiras, enquanto que crianças de oito e nove anos são capazes de aprender por meio de atividades que relacionam o signo gráfico, como a leitura e a escrita.

Pensando nessas diferenças e na adequação de atividades para cada faixa etária, propomos algumas atividades que podem ser trabalhadas pelos professores com as crianças. Essas atividades, aqui ilustradas, envolvem os conteúdos (homem, cultura, alimentação e tradição) e os procedimentos metodológicos (diálogo, parceria e projetos) escolhidos para se colocar o plano de ação em prática.

6.3.2.1. Trabalhando com alunos da educação infantil (3 a 6 anos)

Como sabemos, as atividades lúdicas são essenciais para a aprendizagem na primeira infância, assim como a afetividade e a parceria. Pensando nisso, propomos atividades que relacionem o lúdico aos conteúdos referentes aos aspectos histórico-culturais da alimentação, visando formar a criança e seu paladar.

Por meio da elaboração de um projeto que pode ser intitulado "Alimentação é Cultura", que tem como finalidade ensinar valores históricos e culturais relacionados à alimentação e à formação das crianças, o professor pode *junto* e *com* elas investigar, por meio do diálogo, quais são os alimentos que elas costumam comer, quem os prepara, se elas costumam preparar junto com os familiares os alimentos consumidos etc.

Identificado esse rol de questões sobre os alimentos consumidos, o professor pode salientar o quanto é importante para a saúde comer alimentos frescos, o quanto é importante comer juntos e partilhar o alimento. Pode juntamente com os alunos preparar alguns pratos, como o pão, fazendo com que os alunos o partilhem com os familiares.

O professor pode, a partir da diversidade cultural dos alunos, oferecer às crianças os diferentes tipos de alimentos das diferentes culturas, por exemplo, o tabule – um alimento de origem árabe; o *sushi* – de origem japonesa; a tapioca – de origem nordestina; o pão de queijo – da cultura mineira, entre outros alimentos. O interessante é que, aplicando esse projeto, o professor poderá relacionar as diferentes disciplinas e áreas do conhecimento, como, por exemplo, história, geografia, ciências, uma vez que o responsável pelas disciplinas pode salientar as vitaminas e os nutrientes que compõem cada prato ou alimento e discorrer sobre as frutas de cada estação, contextualizando assim os alimentos em relação ao clima, ao local e a seu país. Há uma infinidade de maneiras de se trabalhar, desde que se trabalhe com projetos.

Como as crianças dessa faixa etária são pequenas, a única maneira de lhes ensinar os valores, ritos e costumes, a fim de que se mantenham algumas tradições, é por meio da construção do hábito delas de sempre se alimentarem umas com as outras, fazendo com que, em conjunto com os professores, experimentem diferentes tipos de alimentos.

Como o lúdico é importante, o professor, juntamente com elas, pode organizar uma horta, para que elas plantem as sementes, reguem as plantas e depois possam colher seus frutos. Verificar que tudo tem seu tempo, ou seja, o momento de plantar, de crescer, colher e morrer, é um grande ensinamento para as futuras gerações, que vivem num mundo onde não se pode perder tempo. Essa aprendizagem pode ensiná-las a serem menos ansiosas com a espera do momento de se colher os frutos.

6.3.2.2. Trabalhando com alunos do ensino fundamental (1ª a 4ª série – crianças de 7 a 9 anos)

Como as crianças desse ciclo educacional são mais velhas, as atividades para essa faixa etária podem ser as mesmas das outras crianças, inclusive pode ser trabalhado o mesmo projeto, mas as formas de se conduzir o processo podem e devem ser mais aprofundadas, visando a conscientização dos alunos sobre os aspectos históricos e culturais da alimentação.

O professor pode trabalhar as diferentes disciplinas e conteúdos pertencentes às diferentes áreas em um único projeto de modo interdisciplinar. O projeto pode ser o mesmo da educação infantil, "Alimentação é cultura". Entretanto, aqui as crianças, por serem mais independentes e já saberem o signo escrito, podem ir mais além, aprendendo também outros conceitos. Vejamos como a temática pode ser trabalhada nas diferentes disciplinas:

Língua Portuguesa

Nas aulas de Língua Portuguesa, os alunos podem pedir aos familiares receitas que estão na família há gerações. Podem copiar essas receitas e depois passá-las aos professores e colegas da sala de aula. Com uma única receita, o professor pode trabalhar esse gênero textual (receita), ensinado aos alunos a estrutura composicional do texto;[5] pode trabalhar os aspectos gramaticais, como concordância verbal, ortografia etc.

---

[5] Esse termo é utilizado por Bakhtin (2003), o qual aborda que qualquer texto é constituído pela estrutura composicional, conteúdo e estilo. Sobre estrutura, o autor se refere a como um gênero é organizado. No caso da receita, ele é composto por ingredientes e modo de preparo.

Matemática

Com esse mesmo gênero textual, o professor pode trabalhar conceitos matemáticos, devido às medidas contidas nas receitas. O professor pode levar os alunos ao supermercado ou à quitanda para verificar o preço dos produtos, para eles irem conscientizando-se sobre os valores das mercadorias.

Estudos sociais

O professor, a fim de trabalhar com os fatores históricos e culturais que perpassam à alimentação, pode abordar as tradições que estão envolvidas no ato de se alimentar, como o hábito e o costume de não comer carne vermelha na "Sexta-feira Santa", o valor do pão e do vinho para a Igreja Católica, assim como os ritos de agradecimentos de algumas famílias antes das refeições.

Pode ainda, nesta disciplina, trabalhar a cultura presente em cada prato, como aqueles que são oriundos de diferentes regiões ou países (sushi, tabule, tapioca, feijoada, entre outros).

Ainda nesta disciplina, o professor poderá junto com os alunos pesquisar a respeito de quais rituais e tradições estão presentes em suas casas. O fato de descobrirem juntos fará com que essas tradições e rituais se perpetuem.

Outra atividade que poderá ser organizada pelo professor é a elaboração de uma semana cultural na escola, em que cada grupo de alunos deverá elaborar receitas de determinadas regiões do país, mostrando juntamente com isso as principais atividades culturais e turísticas de cada região.

Ciências

Nas aulas de ciências o professor poderá construir com os alunos uma horta, com a finalidade de ensinar conteúdos a respeito do solo e clima.

Poderá ensinar também aos alunos os valores nutricionais de cada tipo de alimento plantado, como, por exemplo, os tipos de vitaminas presentes na laranja, acerola, couve etc. Por meio desses alimentos, o professor poderá fazer a relação entre as vitaminas presentes nos alimentos e as necessidades fisiológicas do corpo e de seu desenvolvimento. Poderá ainda relacionar as vitaminas e as doenças, como a ausência de vitamina A, que pode levar a alguns tipos de cegueira.

Abordando os conteúdos das diferentes disciplinas, por meio de projetos, o professor estará realizando um ensino significativo; o que fará com que todas as crianças apreendam os conteúdos que o professor aborda, pois a criança e o professor terão unido a emoção e afetividade, que fazem parte da memória e do contexto vivenciado pelas crianças, aos conteúdos científicos escolares. Somente com essa ponte as crianças e qualquer ser humano conseguem estabelecer sentidos sobre os conteúdos ensinados.

6.3.3. Parceria escola e família

Este último item, que não poderia de forma alguma faltar nas relações condizentes à aprendizagem das crianças, trata da relação entre família e escola. Como já salientado, ambas as instituições possuem um decisivo papel na formação das crianças; a família, por ser a primeira mediadora da criança com seu meio, e a escola, por proporcionar a ela o contato com a diversidade e a aprendizagem de conceitos científicos. Pesquisas indicam que, havendo a parceria entre as duas instituições, a aprendizagem torna-se mais efetiva, por ser mais significativa.

No caso específico do "Alimentação é Cultura", é importante que os pais participem do desenvolvimento desse projeto, contribuindo para os ensinamentos do professor, a fim de tornar a aprendizagem das crianças mais significativa. As escolas, juntamente com as famílias, em parcerias, poderiam organizar a semana da "Alimentação é Cultura", propondo para cada família preparar (com as crianças) um prato e, no evento, relatar a história desse prato, isto é, com quem aprendeu, quem da família os fazia, há quanto tempo prepara esse prato, qual a origem da receita etc.

Sabendo da história que está por trás da alimentação e podendo compartilhar com as outras crianças, esses momentos se tornarão inesquecíveis a cada uma delas.

Pensando na afetividade e na importância de se estabelecer sentido àquilo que se aprende, a parceria entre família e escola é primordial para se efetivar uma educação alimentar, visando resgatar e perpetuar valores, ritos, história e tradição presentes nos alimentos e no ato de se alimentar.

6.4. Conclusão

Ao longo deste capítulo, apresentamos um plano de ação voltado à educação alimentar, a fim de capacitar professores que trabalhem com alunos da educação infantil e ensino fundamental.

Partindo do pressuposto de que forma e conteúdo são indissociáveis, tivemos a preocupação de elaborar uma proposta que contivesse esses dois tópicos, considerando os aprendizes e seu contexto, sua história, a leitura de mundo que eles fazem acerca das experiências vivenciadas, para que então possam estabelecer sentidos a respeito dos conteúdos a serem aprendidos.

Referências bibliográficas

AFFANÁSSIEV, V. G. *Fundamentos da filosofia.* Moscou: Edições Progresso, 1982.

BAKHTIN, M. *Estética da criação verbal.* São Paulo: Martins Fontes, 2003.

FREIRE, P. *Pedagogia da Autonomia: saberes necessário à prática educativa.* 19ª ed. São Paulo: Paz e Terra, 2001.

Capítulo 7

Considerações finais

O homem é um ser que se constrói nas relações sociais;
ao mesmo tempo em que ele constrói a história,
ele se constitui como um ser histórico.

Vygotsky

Ao LONGO DESTA OBRA, objetivamos salientar a importância da alimentação como ato histórico e cultural que, atrelado a um determinado contexto, reflete aspectos de uma determinada cultura, como diferentes modos de produção, de preparo, de ingredientes, de ritos e tradições.

Buscamos mostrar que em torno da alimentação – necessidade básica para a sobrevivência – os homens se organizaram e criaram a cultura. Com seu surgimento, foram criando mecanismos de comunicação e perpetuação dos conhecimentos construídos, como os instrumentos e a linguagem. Estabeleceram regras de convivência que foram afirmando-se, por meio de ritos e costumes, e configurando-se em tradições passadas de geração a geração.

Sendo os conhecimentos transmitidos de geração em geração, destacamos a importância da tradição para a preservação de uma cultura, salientando o papel da família nos processos de aculturação e constituição do indivíduo. Evidenciamos que a relação do homem com o mundo não é direta, mas mediada por aqueles que os cercam, assim como pelos objetos que estão a seu redor, sendo o alimento o primeiro elo do homem com a cultura.

Pelo fato de o alimento estar atrelado à história de uma cultura e de um local, nele também estão contidas a cultura, a história local e de quem o produziu; por essa razão, destacamos a relevância de produzir e consumir alimentos tradicionais. Os alimentos tradicionais, também denominados como produtos com história, regionais, artesanais, locais, da fazenda, são alimentos que remetem a um dado contexto de produção, a um modo específico de preparo, de ingredientes, mas sempre ligados aos saberes-fazeres que foram sendo passados de geração em geração. Saberes-fazeres esses que foram sendo modificados com o passar dos tempos, devido à constante transformação histórica, mas que conservam em si (no novo) um pouco do velho. Eis aqui o papel das tradições: perpetuar ritos, costumes, hábitos, a fim de preservar a cultura e a história.

Todavia, com as mudanças sociais, econômicas e culturais, as novas gerações já não se espelham em suas gerações passadas, não as tendo como modelo para comportamentos e valores. Enfeitiçadas pela praticidade da vida moderna e o que ela pode oferecer, elas têm abandonado o lar e, com esse abandono, acabam por perder coisas singelas, como afeto e amor, mas principalmente sua identidade. O fato de essas novas famílias não terem uma referência e não serem referência para seus filhos tem causado e levado a inúmeros problemas, desde psicológicos, emocionais, até físicos.

Tal contexto relaciona-se íntima e intrinsecamente com a alimentação e o ato de se alimentar, uma vez que as mulheres já não cozinham e as famílias já não comem mais juntas. Conforme estudos relatados no decorrer da obra, alimentar-se com a família é fundamental para que se estabeleçam laços entre os familiares. É à mesa que as famílias e seus entes queridos partilham experiências, que se comunicam e se fortalecem, evitando problemas de depressão, de uso de drogas, de gravidez precoce, entre outros.

A alimentação constitui-se ainda a primeira referência identitária da criança, não só no que se refere aos alimentos consumidos, mas principalmente referência de sua constituição através daqueles que estão a seu redor. Por meio do ato de se alimentar, a criança apreende ritos, costumes, valores e comportamentos com aqueles que convive. Portanto, a mesa constitui-se um lugar de partilha, de diálogo, de comunhão e de amor.

Sendo essa referência fundamental para a criança pequena e ficando, atualmente, sob a responsabilidade das escolas, propusemos nesta obra um plano de ação para a formação alimentar da criança e daqueles que trabalham com ela.

Nesta obra, indo ao encontro das diretrizes contidas na Política Pública Nacional de Nutrição e Alimentação, buscamos estabelecer encaminhamentos para uma educação alimentar, resgatando os aspectos históricos e culturais que constituem a alimentação e o ato de se alimentar.

Sabendo-se que a criança se constitui através de relações de sentidos e que a afetividade e a emoção são primordiais para o aprendizado, buscamos cercar-nos de práticas que considerassem o contexto e as vivências experienciadas pelos aprendizes, para que esses pudessem aprender os aspectos históricos e culturais por trás da alimentação e presentes nela, bem como a importância de se alimentar com qualidade, incorporando assim os valores nutricionais necessários a seu organismo.

A fim de colocarmos em prática os encaminhamentos para uma educação alimentar, formulamos um plano de ação para a capacitação e formação de professores que atuam na educação infantil e no ensino fundamental a ser ofertado, pelos órgãos públicos e privados, aos professores. Partindo dos referenciais teórico-metodológicos de Paulo Freire, Vygotsky e Bakhtin, elaboramos algumas estratégias para a aplicação do plano de ação. Dividido em dois blocos complementares, mas que se inter-relacionam, pois se trata do conteúdo e da forma, selecionamos quatro temas geradores que poderiam encaminhar a formação dos professores, sendo eles: homem, cultura, alimentação e tradição. A fim de se trabalhar com tais conteúdos, a forma ou os procedimentos metodológicos por nós escolhidos foram: diálogo, parceria e projetos.

Embora esse plano de ação seja direcionado às escolas, ele também pode e deve ser utilizado pelas famílias, pois essas, enquanto primeira instituição mediadora da relação das crianças com o mundo, possuem um papel central no desenvolvimento dessas crianças. É por essa razão que, no plano de ação, enfatizamos a necessidade premente de se haver uma parceria entre a escola e a família, a fim de tornar a aprendizagem significativa.

Pelo fato de a alimentação fazer parte de nossas vidas, quisemos dar a ela sua real importância. A importância de se ensinar às crianças e futuras gerações os aspectos que a ela estão relacionados. Como professores e conscientes de nosso papel enquanto mediadores intencionais nos processos de ensino-aprendizagem, objetivamos mostrar ainda, nesta obra, que a teoria sem a prática de nada serve, uma vez que uma inexiste sem a outra. Portanto, de nada nos vale fazermos um tratado sobre os aspectos históricos e culturais que envolvem a alimentação e o ato de se alimentar se não pudermos colocá-lo em prática.

Desejamos assim que as secretarias de educação, escolas, professores e familiares possam colocar em prática os conteúdos trabalhados no decorrer desta obra, de maneira a se preservar, construir e perpetuar a história.

Referências bibliográficas

AFFANÁSSIEV, V. G. *Fundamentos da filosofia.* Moscou: Edições Progresso, 1982.

ARROYO, L. "A Mesa em São Paulo", in: CASCUDO, L. C. (Org.). *Antologia da Alimentação no Brasil.* Rio de Janeiro: Livros Científicos Editora, 1977.

BAKHTIN, M. *Estética da criação verbal.* São Paulo: Martins Fontes, 2003.

BAKHTIN, M. *Marxismo e Filosofia da Linguagem.* São Paulo: HUCITEC, 1995.

BERNAT, E. "Los nuevos consumidores o las nuevas relaciones entre campo y ciudad a través de los 'productos de la tierra'", in: *Agricultura y Sociedad*, n. 1, p. 80-81, 1996.

BOFF, L. "Virtudes para um outro mundo possível", in: *Vol. III: Comer e beber juntos e viver em paz.* Petrópolis: Vozes, 2006.

BRANDÃO, C. R. "Prefácio: Hoje, tantos anos depois...", in: SOUZA, A. I. (Org.). *Paulo Freire: Vida e Obra.* São Paulo: Expressão Popular, 2001.

CARNEIRO, H. *Comida e sociedade: uma história da alimentação.* Rio de Janeiro: Campus, 2003.

CASCUDO, L. C. (Org.). *Antologia da Alimentação no Brasil.* Rio de Janeiro: Livros Científicos Editora, 1977.

DURKHEIM, É. *As formas elementares da vida religiosa.* São Paulo: Martins Fontes, 1996.

FISCHLER, C. A. "'Macdonaldização' dos costumes", in: FLANDRIN, J. F.; MONTANARI, M. (Orgs.). *História da Alimentação.* 4ª ed. São Paulo: Estação Liberdade, 1998.

FLANDRIN, J. F.; MONTANARI, M. (Orgs.). *História da Alimentação.* 4ª ed. São Paulo: Estação Liberdade, 1998.

FREIRE, P. *Ação Cultural para a Liberdade.* 12ª ed., São Paulo: Paz e Terra, 2007a.

FREIRE, P. *Educação como Prática da Liberdade.* 30ª ed., São Paulo: Paz e Terra, 2007b.

FREIRE, P. *Pedagogia do Oprimido.* São Paulo: Paz e Terra, 46ª ed., 2006.

FREIRE, P. *Pedagogia da Autonomia: saberes necessários à prática educativa.* 19ª ed. São Paulo: Paz e Terra, 2001.

FREIRE, P. *A importância do ato de ler.* São Paulo: Cortez/Autores Associados, 1982.

FREYRE, G. *Açúcar.* São Paulo: Cia. das Letras, p. 34, 2002.

HOBSBAWN, É. *A invenção das tradições.* São Paulo: Paz e Terra, 2006.

KRAPIVINE, V. *Que é o Materialismo Dialético?* Moscou: Edições Progresso, 1996.

LARROSA, J.; LARA, N. P. de. *Imagens do Outro.* Petrópolis: Vozes, 1998.

LIMA, C. *Tachos e panelas: historiografia da alimentação.* Recife: Comunicarte, p. 146, 1999.

MALINOWSKI, B. *Una Teoría Científica De La Cultura Y Otros Ensayos.* Buenos Aires: Editorial Sudamericana, 1948.

MARIOT, J. E. *Produtos agroalimentares típicos (coloniais): situação e perspectivas de valorização no município de Urussanga, Santa Catarina, Brasil.* Dissertação de mestrado internacional em gestão do desenvolvimento rural. Universidade de Trás-os-Montes e Alto Douro, p. 115, 2002.

MARX, K. *A Ideologia Alemã.* São Paulo: Zahar Editores, 1977.

MINISTÉRIO DA SAÚDE. *Política nacional de alimentação e nutrição.* 2ª ed. Brasília: Ministério da Saúde, 2003.

MINTZ, S. W. "Comida e Antropologia: uma revisão", in: *Revista de Ciências Sociais*, n. 47, v. 16, p. 31-42, 2001.

ONFRAY, M. *A razão gulosa. Filosofia do gosto.* Rio de Janeiro: Rocco, p. 124, 1999.

ORICO, O. *Cozinha Amazônica.* Belém: Ed. UFP, 1972.

PEIRANO, Mariza. *Rituais como Estratégia Analítica e Abordagem Etnográfica* (Rituals as Analytical Strategy and Ethnographic Approach). 2001.

Relatório do Brasil para a Cúpula Mundial de Alimentação. Roma, 1994.

Redacción, Agricultura y Sociedad. 1996

RIBEIRO, M.; MARTINS, C. "De mães para filhas – por aqui se faz a construção e a reconstrução da história (de uma boa parte) dos 'produtos com história'", in: *Sociedade e Cultura 1*. Cadernos do Noroeste, Série Sociologia, v. 13, p. 269-279, 2000.

SANTOS, C. R. A. "A alimentação e seu lugar na história: Os tempos da memória gustativa", in: *História: Questões & Debates*. Curitiba: Editora UFPR, n. 42, p. 11-31, 2005.

SOUZA, A. I. (Org.). *Paulo Freire: vida e obra*. São Paulo: Expressão Popular, 2001.

TIBÉRIO, M. L. "Produtos tradicionais: importância socioeconômica na defesa do mundo rural. 1ª Jornada de Queijos e Enchidos – Produtos Tradicionais", in: *IAAS*, EXPONOR, p. 1-13, 1998.

VYGOTSKY, L. S. *A Construção do Pensamento e da Linguagem*. São Paulo: Martins Fontes, 2001.

VYGOTSKY, L. S. *Obras Escogidas*. Madrid: Visor, Tomo III, 1995.

VYGOTSKY, L. S. *Obras Escogidas*. Madrid: Visor, Tomo II, 1993.

VYGOTSKY, L. S. *Obras Escogidas*. Madrid: Visor, Tomo I, 1991.

VYGOTSKY, L. S.; LURIA, A. R.; LEONTIEV, A. N. *Linguagem, desenvolvimento e aprendizagem*. 7ª ed. São Paulo: Ícone Editora, 2001.

ZIGGERS, G. W.; TRIENEKENS, J. "Quality Assurance in Food and Agribusiness Supply Chains: developing successful partnerships", in: *International Journal of Production Economics*. v. 60-61, n. 3, p. 271-279, 1999.

ZUIN, L. F. S.; ZUIN, P. B. *Produção de alimentos tradicionais: extensão rural*. Aparecida: Idéias & Letras, 2008.

ZUIN, P. B. "Linguagem, Sujeito e Consciência – um enfoque materialista, in: MIOTELLO, V. (Org.). *Veredas Bakhtinianas.* São Carlos: Pedro & João Editores, 2006.

ZUIN, P. B.; REYES, C. R. *Os Mediadores que influenciam no Processo de Apropriação da Correta Notação Gráfica.* Dissertação de Mestrado, São Carlos: UFSCar, 2004.

WEINER, S. *Manual Slow Food.* Disponível em: www.slowfood.com. Acessado em: 10/03/2007

Impressão e acabamento
Gráfica e Editora Santuário
Em Sistema CTcP
Rua Pe. Claro Monteiro, 342
Fone 012 3104-2000 / Fax 012 3104-2036
12570-000 Aparecida-SP

Você tem em suas mãos um livro da **IDÉIAS & LETRAS**.
Sem dúvida, gostará de conhecer os outros livros que publicamos e de receber informações sobre nossos próximos lançamentos. Para isso, basta que nos mande preenchida a ficha abaixo, para o endereço:

IDÉIAS & LETRAS Rua Pe. Claro Monteiro, 342
12570-000 – Aparecida - SP

Nome: ....

CPF: .... Sexo: ❏ Fem. ❏ Masc.

Data de nascimento: ____ / ____ / _____ Estado civil: ....

Escolaridade: .... Profissão: ....

Endereço residencial: ....

Cidade: .... CEP: ....

Tel. Res. .... Fax: .... E-mail: ....

Endereço comercial: ....

Cidade: .... CEP: ....

Tel. Res. .... Fax: .... E-mail: ....

De que forma tomou conhecimento deste livro?
❏ Jornal   ❏ Internet   ❏ TV   ❏ Indicação
❏ Revista   ❏ Rádio   ❏ Mala Direta   ❏ Outros

Endereço para recebimento de correspondência: ❏ Residencial ❏ Comercial

Indique suas áreas de interesse:

❏ Economia   ❏ Filosofia   ❏ Psicologia   ❏ Sociologia   ❏ Direito

---

**Outras maneiras fáceis de receber informações
sobre nossos lançamentos e ficar atualizado:**

- ligue grátis: 0800 16 00 04 (de 2ª a 6ª feira, das 8 às 17:30 horas)
- mande um e-mail para: **vendas@ideiaseletras.com.br**
- visite nosso site **www.ideiaseletras.com.br**